Julia Söhngen & Bernd Buchterkirch
101 Genussorte in Frankfurt

AF214844

JULIA SÖHNGEN
BERND BUCHTERKIRCH

101 GENUSSORTE

IN FRANKFURT

SOCIETÄTS
VERLAG

Alle Rechte vorbehalten • Societäts-Verlag
© 2021 Frankfurter Societäts-Medien GmbH
Satz: Bruno Dorn, Societäts-Verlag
Umschlaggestaltung: Bruno Dorn, Societäts-Verlag
Umschlagabbildung: shutterstock – GoodStudio & ivector
Druck und Verarbeitung: CPI books GmbH, Leck
Printed in Germany 2021

ISBN 978-3-95542-411-4

Inhaltsverzeichnis

Kulinarische Weltreise

Hochprozentiges

Ausflüge für Genießer

Auf Entdeckungstour

Kultouren

Gönn Dir!

Leidenschaften

Vorwort

Liebe Leserin, lieber Leser,

„wer nicht genießt, ist ungenießbar!", das wusste schon Friedrich Schiller. Tatsächlich ist Genuss ein elementarer Teil unseres Lebens und damit eigentlich keine Besonderheit.

Eigentlich ... Denn leider gelingt es wohl den meisten von uns im oftmals stressigen Alltag, getrieben von dem Gedanken an Effizienz, dem Druck ständiger Erreichbarkeit und dem Streben nach vermeintlicher Perfektion, immer seltener, etwas zu genießen und loszulassen. Dabei tut es so unglaublich gut, sich etwas zu gönnen! Übrigens sollten wir das ruhig häufiger tun, denn Studien zeigen, dass Freude und Genuss auf ganz beachtliche Weise zu unserem körperlichen wie geistigen Wohlbefinden beitragen.

Aber wo anfangen? Denn es gibt so vieles, was uns guttut. Das, was man genießt, kann individuell sehr verschieden sein – ein gutes Essen, ein Theaterbesuch, eine Ausstellung, der Kurzurlaub im Wellnesstempel, ein neues Paar Schuhe ... Aber egal was es ist, Genuss ist immer sinnlich und lustvoll, eine Verführung.

Rund um die Mainmetropole gibt es eine Menge Möglichkeiten für solche Erlebnisse. Und so haben wir uns für die „101 Genussorte in Frankfurt" auf die Suche nach Orten begeben, die den unterschiedlichsten Sinnesfreuden frönen.

Kommen Sie mit uns auf Entdeckungstour, lernen Sie die Stadt und die Region ein weiteres Mal neu kennen und lassen Sie sich von den vielfältigen Facetten des Genusses überraschen, die Frankfurt und das Rhein-Main-Gebiet bereithalten.

Julia Söhngen und Bernd Buchterkirch

01 Hohe Konditorkunst
Anna Reckmann Pâtisserie Chocolaterie

Ursprünglich war Anna Reckmann promovierte Chemikerin und leitete ein Labor in einem internationalen Konzern. Doch wirklich zufrieden war sie damit nicht. Und so machte sie ihre Leidenschaft zum Beruf, ging nach Paris und lernte hier das Konditorhandwerk von der Pike auf – und stellte fest, dass auch hier die Chemie und Physik einen nicht ganz unwichtigen Anteil an den süßen Köstlichkeiten haben. Sei es der Aufbau der süßen Kreationen, bei dem verschiedene Texturen zu einem neuen Ganzen zusammengeführt werden, sei es die geschmackliche Explosion, die beim Zusammentreffen der unterschiedlichen Komponenten entsteht. Das war es dann aber auch schon, was das Chemische betrifft, denn die Konditorin legt höchsten Wert auf natürliche Zutaten, teils sogar aus eigenem Anbau.

Zurück in Frankfurt, erfüllte sie sich schließlich den Traum von einem eigenen Laden auf dem Reuterweg. Hier findet man von Törtchen und Tartes über Schokoladen und Pralinen bis hin zu Macarons ein breites Spektrum an Dessertspezialitäten, die nicht nur geschmacklich auf höchstem Niveau angesiedelt sind, sondern schon allein durch ihre Optik für offene Münder sorgen. Wie außerordentlich praktisch und köstlich, wenn diese dann beim Probieren der Offenbarungen aus der Theke wieder geschlossen werden – manch einer bleibt danach allerdings sprachlos zurück. Einmal verführt, möchte man ganz sicher immer mehr. Wie gut, dass das Reckmann'sche Universum nicht so schnell durchprobiert ist. Und es kommt immer wieder Neues hinzu, denn die Patissière tüftelt unermüdlich an neuen Kreationen aus bekannten und weniger bekannten Aromen, mit denen sie immer wieder überrascht, zum Beispiel mit Eis aus eigener Herstellung, das Anna Reckmann zunächst während der Sommermonate in ihr wechselndes Sortiment aufgenommen hat.

Reuterweg 69, 60323 Frankfurt am Main, www.annareckmann.com

02 Ganz besonders gut
Bio-Rösterei und Café Basaglia

Der Kaffee aus der Bio-Rösterei Basaglia ist besonders – auf vielerlei Art. Es geht um Geschmack, um besondere Bohnen, die Kunst des Röstens und, und, und.

Dazu gibt es kleinere und größere Köstlichkeiten, die wunderbar zu den Kaffeespezialitäten passen. Während sich in der Mainzer Landstraße vor allem die Angestellten aus den angrenzenden Büros morgens und mittags zur Kaffeepause einfinden, gilt das „Café Basaglia" als Treffpunkt für die Nachbarschaft. Einerseits gibt es hier selbstverständlich Kaffee, andererseits ist auch Herzhaftes und Süßes aus eigener Herstellung im Angebot. Fast alles in Bio-Qualität und aus regionalen Lebensmitteln, teilweise sogar selbst erwirtschaftet von den eigenen Streuobstwiesen. So gibt es auch Säfte, Apfelweine, Essige oder den „Frankfurter Stadthonig", der ebenfalls in Bio-Qualität produziert wird.

Ach ja, Basaglia ist übrigens die einzige Frankfurter Rösterei, die ausschließlich Bio-Kaffee verarbeitet. Gleichzeitig ist Basaglia ein Projekt des Frankfurter Vereins für soziale Heimstätten. Er bietet seelisch behinderten Menschen Struktur und Beschäftigung und den Mitarbeitern berufliche Orientierung, Qualifizierung, angepasste und anspruchsvolle Arbeit. Der Name geht auf den italienischen Psychiater Franco Basaglia zurück, einer der Begründer der demokratischen Psychiatrie Italiens, der sich zeit seines Lebens für die Rückführung psychisch kranker Menschen in die Gesellschaft einsetzte und die Schließung der italienischen Nervenheilanstalten erwirkte, in denen bis Ende der 1970er Jahre katastrophale Zustände herrschten. Kaffeetrinken und mit Genuss Gutes tun, geht es besser?

Mainzer Landstraße 233, 60326 Frankfurt am Main (Rösterei)
Eschersheimer Landstraße 65, 60322 Frankfurt am Main (Café)
Frankfurter Salon, Braubachstraße 32, 60311 Frankfurt am Main
(Volksküche), www.cafebasaglia.de

03 Süße Träume
Bitter und Zart

Was 2003 als – Achtung, Wortspiel – Schokolädchen unweit des Doms begann, hat sich zu einem regelrechten Kosmos ausgeweitet, in dem sich alles um die zartschmelzende Süßigkeit und das Genießen derselben dreht. Hier findet man handgeschöpfte Schokolade aus Deutschland, Frankreich, Belgien und Italien, Aufstriche, Tees, wunderbar nostalgische Süßigkeiten, allerlei Lakritziges, Trüffel und Pralinen, Karamell, süße Ideen zum Verschenken oder zum Selbstgenießen!

Doch nicht nur das käuflich zu erwerbende Angebot ist ein Genuss, eine wahre Freude ist auch das Ambiente der Chocolaterie und des angrenzenden Cafés, pardon, Salons, in dem man die schokoladigen Köstlichkeiten von nebenan verkosten kann. Darüber hinaus findet man hier auch wunderbare hausgemachte Kuchen und Torten oder Macarons – und nicht zu vergessen die heiße Schokolade, in der buchstäblich der Löffel steckenbleibt. Herzhafte Bistro-Kleinigkeiten gibt es auch, sodass man hier wunderbar die Mittagspause verbringen oder sich während des Einkaufens stärken kann. Schwelgerisch bis ins noch so kleine Detail haben sich Gaby Fürstenberger und Sabine Seidel mit „Bitter und Zart" ihren ganz eigenen Traum verwirklicht und bringen sämtliche Köstlichkeiten und Besonderheiten zusammen, die sich bei ihrer sprichwörtlichen Trüffelsuche auftun – sofern sie den hohen Qualitätsansprüchen der beiden Schokodamen genügen. Ein Highlight ist zudem jedes Mal die Schaufensterdekoration, auf die sie ihr besonderes Augenmerk legen und an der sich nicht nur Kinder die Nase plattdrücken.

Braubachstraße 14, 60311 Frankfurt am Main, www.bitterundzart.de

04 Unbeirrbar traditionell
Café Kreiner

„Süßes seit 1905" – dafür ist das Traditionscafé mitten in der Königsteiner Fußgängerzone, am Fuße der Burg, bekannt. Im Stil der Wiener Kaffeehäuser gehalten versteht man sich hier vortrefflich auf die süße Handwerkskunst – nicht ohne Grund wird das Haus in der Gourmet-Zeitschrift „Der Feinschmecker" als eine der 100 Top-Adressen für Kaffeegenießer empfohlen. Roter Samt, dunkle Holzvertäfelung, alte Gemälde – in dem inhabergeführten Familienbetrieb tickt die Uhr wohltuend geruhsam. Und das ist auch gut so, schließlich braucht man Zeit, sich durch das umfangreiche Angebot aus der Pâtisserie zu schlemmen. Man könnte den Tag direkt mit einem Frühstück beginnen, doch auch bereits hier hat man die Qual der Wahl. Ein Glück, dass die erste Mahlzeit des Tages bis 18 Uhr serviert wird!

Zur Kaffeezeit gönnt man sich dann eine der traumhaften Tortenkreationen, für die „der Kreiner" weit über die Grenzen des Taunus bekannt ist – ob Obst-, Sahne-, Buttercremetorte oder doch lieber klassischer Blechkuchen, hier findet jeder etwas, um das Nachmittagstief auf süße Weise zu überwinden. Und auch, wer auf der Suche nach einer süßen Kreation für einen besonderen Anlass ist – sei es eine Hochzeit, eine Taufe, ein Geburtstag oder das Firmenjubiläum –, die Ideen der hiesigen Konditoren sind schier unendlich. Ein ganz besonderes Vergnügen, und das nicht nur während der Sommermonate, sind übrigens die zartschmelzenden Eiskreationen aus richtigem Konditoreneis!

Ein Ausflug nach Königstein lohnt immer – auch wegen der wunderschönen Umgebung. Gekrönt wird dieser vorher oder nachher, na klar, mit einem Besuch beim Kreiner!

Hauptstraße 10, 61462 Königstein in Taunus, www.cafe-kreiner.de

05 Kurz und gut
Espresso Espresso

So klein die Tasse auch sein mag – ein guter Espresso hat es in sich. Aufs Wesentliche konzentriert, bietet er eine regelrechte Geschmacksexplosion, neue Energie und einen spontanen Kurztrip nach Italien, woher die Kaffeespezialität ursprünglich stammt. Mit Schnelligkeit hat der Shot dabei tatsächlich rein gar nichts zu tun, wenngleich sich auch ein weit verbreiteter Irrtum hält, der behauptet, diese finde sich im Namen des Heißgetränks wieder. Wahrscheinlicher ist, dass es nur einen kurzen Moment braucht, um das Tässchen zu leeren. Das ist zwar teilweise richtig, aber dann auch wieder nicht. Zumindest, wenn wir die Bezeichnung etymologisch betrachten. Dann kommt man nämlich – und das tatsächlich schnell – zum italienischen Ausdruck „espressivo", eine Ableitung des Verbs „esprimere", was so viel wie „ausdrücken von Gefühl", quasi im Sinne von „ausdrücklich, explizit", meint. Und so wird aus dem „caffè espresso" ein Kaffee, der ganz speziell und mit Hingabe für den jeweiligen Gast zubereitet wurde.

Genau das haben die beiden Macher der kleinen, feinen Espresso-Bar in der Frankfurter Braubachstraße, Paul und Bared, verinnerlicht – fast hätte ich geschrieben: ganz sicher mit dem ersten Espressoschluck aufgesaugt. Sie lieben es, Gastgeber zu sein, und zelebrieren den besonderen Kaffeegenuss ohne Chichi, aber dem gewissen Etwas, mit ihren ausgesuchten Kaffeesorten, mit ihrer gastfreundlichen Art, mit dem wunderbar unaufgeregten Ambiente, in dem rohe Wände auf warme Holztöne und traditionell anmutende Fliesen treffen. Ach, hier stimmt einfach alles. Am späten Nachmittag verwandelt sich der ehemalige Briefmarkenladen übrigens in eine Aperitivo-Bar mit köstlichen Weinen, ausgewählten Alkoholika, Panini, hervorragendem Käse und Charcuterie – kann man den (Arbeits-)Tag geschmackvoller ausklingen lassen?

Braubachstraße 28, 60311 Frankfurt am Main

06 Eine Institution
Wacker's Kaffee

68 Kaffeeröstereien gab es in Frankfurt bis in die 1960er Jahre. Übrig geblieben sind drei. Eine davon gehört zum „Kaffee Wacker". „Café Wacker" sagt in Frankfurt niemand, obwohl das 1914 von Luise Wacker gegründete Unternehmen, in dem mittlerweile sogar schon die vierte Generation tatkräftig am Werke ist, jedem Kaffeehaus alle Ehre macht: ein „Caféchen" in einem Einzelhandelsgeschäft, wo stets und ständig die Sitzplätze rar sind. Doch das macht nichts. Bis auf die Straße stehen die Leute vor dem sogenannten „Stammhaus" um die Mittagszeit Schlange – sommers wie winters.

Es sind Banker, Nachbarn, Studenten, Mütter, Börsianer, Rentner, Handwerker – Frankfurter eben. Menschen, die sonst immer in Eile sind, kommen hier zur Ruhe. Haben plötzlich Zeit und warten auf ihre Tasse frisch gebrühten Bohnenkaffee und ein Lächeln – denn das gibt es gratis dazu. Sie warten gerne, auch wenn der Genuss manchmal nur zwei, drei kleine Espresso-Schlucke lang ist, ein Vielfaches weniger als die Zeit, die es dafür anzustehen galt. Doch für den Genuss des vielleicht besten Kaffees der Stadt nimmt man diese Unannehmlichkeiten gerne in Kauf – wobei, wirklich unangenehm ist es ja nicht. Eben weil es so eng ist im Wacker, kommt man ins Gespräch. Und hat man es erst einmal zu der kleinen Kaffeetheke geschafft, muss man auch schon wieder den Weg zurück antreten, in den Händen den Kaffee balancierend, um irgendwo draußen einen Platz zu ergattern. Und sei es auf der gegenüberliegenden Mauer am Parkhaus Hauptwache. Dabei rempelt man unvermeidbar an die anderen Wartenden. Aber auch das scheint niemanden zu stören. „Tschuldigung, Sorry, Pardon, Verzeihung." So ist das eben im Wacker.

Kornmarkt 9, 60311 Frankfurt am Main, www.wackerskaffee.de

07 Küsse und mehr
Keil Süßwaren

Die kleinste Schokokussfabrik der Welt befindet sich wahrscheinlich in der Wetterau, genauer in Schotten-Wingertshausen im Vogelsbergkreis. Gerade einmal 30 Quadratmeter ist die „Backstube" groß, in der in familiärer Handarbeit jeden Tag gut und gerne 7.000 süße Küsse in über 60 verschiedenen Geschmacksrichtungen hergestellt werden. Neben dem „normalen" Schokokuss gibt es hier unter anderem solche, die nach Mokka, Banane, Kokos, Vanille, Zimt, Himbeer, Waldmeister, Eierlikör, Zitrone und mehr schmecken. Verziert mit farbigen Streuseln, Gummibärchen, Krokant, Nüssen, Kokosraspeln, Schokospänen, Knisterzucker und vielem mehr. Mal in der klassisch-runden Bergform, mal als Schaumzapfen – hier gibt es nichts, was es nicht gibt, unverkennbar am typischen Schaumkrönchen. 1987 hat der gelernte Konditormeister Wolfgang Keil die Produktion übernommen und perfektioniert.

Übrigens kann man die luftigen Süßigkeiten nicht nur frisch ab Werk einkaufen. Nach Voranmeldung ist auch ein Besuch in der Produktion möglich, bei der die Besucher den Konditoren über die Schulter schauen dürfen. Und weil bei „Keil Süßwaren" tatsächlich alles Handarbeit ist, können selbstverständlich auch Eigenkreationen und Sonderwünsche und -größen zu verschiedenen Anlässen erfüllt werden, sogar mit Aufschrift, sodass man tatsächlich ein ganz persönliches Geschenk überreichen kann.

Untere Weinbergstraße 5, 63679 Schotten-Wingershausen,
www.keil-suesswaren.de

08 Abwarten und Tee trinken

Phoenix Tea - Salon de Thé

Fast könnte man anfangen zu flüstern, um die Ruhe dieses Ortes nicht zu stören, der zweifelsohne von chinesischen Teehäusern inspiriert ist. Eine Oase inmitten der Großstadt, an der dicht befahrenen Friedberger Landstraße, ein vietnamesisch-chinesischer Familienbetrieb. Hier bekommt man alles, was man für die klassische chinesische oder japanische Teezeremonie braucht, feinste grüne oder schwarze Teesorten aus Japan oder Taiwan, klassische englische Tees, aber auch neue Teemischungen, mit Blüten versetzt und aromatisiert, die das Angebot abrunden. Dazu hausgemachtes Gebäck, kleine asiatische Speisen (unser Tipp: die Sommerrollen!) und Suppen zum Lunch, auch als Lunchbox zum Mitnehmen. Obendrauf gibt's immer auch einen netten Plausch und die ein oder andere Empfehlung – etwa, dass bei warmem Wetter ein heißer Tee wohltuender ist als eine eiskalte Limonade. Wie wäre es zum Beispiel mit einem Bambusblättertee mit Zuckerrohr, der besonders erfrischend wirken soll?

Mindestens genauso erlesen und vielfältig wie die Auswahl an Teespezialitäten sind die filigranen, teils handbemalten Teeschalen und gusseisernen Kannen, die wie exotische Kunstwerke in den Regalen stehen und den Händen schmeicheln, sobald man sie hält.

Übrigens: Wer schon immer einmal einer traditionellen Tee-Zeremonie beiwohnen wollte, dem sei ein Besuch im „Phoenix Tea - Salon de Thé" wärmstens empfohlen. Abwarten und Tee trinken – hier kann man es zelebrieren. Im zugehörigen Blumenladen nebenan findet man übrigens eine ebenso erlesene Auswahl an Blumen, die mit sicherem Gespür für Farben und Formen zu wunderschönsten Sträußen vereint werden.

Friedberger Landstraße 82, 60316 Frankfurt am Main, www.phoenixtea.de

09 Weniger Zucker, mehr Geschmack

Aroma Eismanufaktur

Eis zu essen, ist eine Erfahrung für alle Sinne und vermittelt sofortiges Wohlbefinden. Seit fast einem Jahrzehnt können die Bewohner der Universitätsstadt Marburg die selbstgemachten Eissorten der „Aroma Bistro & Eisbar" genießen. So viel Erfahrung hat Frankfurt zwar noch nicht, doch inzwischen ist das „Aroma" mit einer Eismanufaktur im Bahnhofsviertel ansässig und verwöhnt dort Eisliebhaber mit Klassikern wie Stracciatella, Erdbeere, Schokolade und Vanille, aber auch mit ausgefallenen Sorten wie etwa Lavendeleis, Buttermilch-Zitrone, gesalzenes Erdnusseis oder trendigem Aktivkohle-Eis. Das schwarze Eis schmeckt wie Vanilleis. Dazu ist es gesund: Es kommt komplett ohne Farbstoffe aus. „Friendly Food", der Trend aus Übersee, hat längst auch Einzug in den Frankfurter Eistresen gehalten. Zucker wird bewusst reduziert, vegane Inhaltsstoffe oder sogenannte „Superfoods" sind auch hier auf dem Vormarsch. Durch die Bank weg werden alle Eissorten in der Aroma Eismanufaktur mit 25 Prozent weniger Zucker hergestellt – bei gleichbleibendem Geschmack. Einzelne Sorten sind sogar komplett zuckerfrei. Das zuckerfreie Eis gibt es im Wechsel als Avocado-Banane, Gurke-Limette-Ingwer, Maracuja-Assai und Stachelbeere-Kiwi.

In der Eismanufaktur trifft traditionelle Eisherstellung auf moderne Eiskreationen in stylischem Ambiente. Ganz in Blau und mit viel Glas ist der Innenbereich sehr modern, fast futuristisch, gestaltet. Im Eislabor selbst stellen die Experten des kühlen Genusses tagesfrisch und mit viel Leidenschaft verschiedenste Kreationen her. Immer aus handverlesenen Zutaten und vor den Augen der Gäste, die das Handwerk der Eismacher durch eine große Glasscheibe beobachten können.

Windmühlstraße 14, 60329 Frankfurt am Main, www.aroma-frankfurt.de

10 Glücklich schlecken
Bizziice

Quirlig, trendig, innovativ und dabei richtig kuschelig. Im Brückenviertel liegen viele kleine, inhabergeführte Geschäfte dicht an dicht. Hier lässt es sich in Ruhe stöbern und shoppen – ein bisschen wie im Urlaub. Einer der beliebtesten Treffpunkte ist das „Eiscafé Bizziice". Ausgezeichnetes Eis geht immer! Mit dem charmanten, am Eck gelegenen Laden hat Lorenzo Bizzi seine Leidenschaft zum Beruf gemacht und produziert heute zusammen mit seiner Frau Karina Bizzi perfektes Speiseeis für seine inzwischen beiden gemütlich und originell eingerichteten Cafés. In den Geschäften auf der Brückenstraße und der Koselstraße im Frankfurter Nordend freuen sich Gäste auf leckere und kreative Sorten, wie u.a. dunkles Schokoladensorbet, Mandel-Kardamom-Creme-Eis, Rhabarber-Quark, Ananas-Koriander, Grieß-Karamell, Honig-Rosmarin und Kokos-Chiasamen. Oder zur Weihnachtszeit auf das legendäre Gelato Natale. Geschmacksrichtungen, die es so vermutlich woanders kein zweites Mal gibt.

Die Ideen für ihre besonderen Eis-Kreationen holt sich das Paar im Alltag oder auf ihren Reisen rund um die Welt. Jeder Löffel dieser Inspirationen ist authentischer und intensiver Geschmack. Ob Klassiker oder etwas ungewöhnlicher: alles bio, handgemacht, glutenfrei und zum Teil vegan, ohne Zusatzstoffe und nur mit natürlichen Zutaten. So entstehen Produkte, die für ein echtes Genusserlebnis sorgen. Solche Qualität erntet Lob, nicht nur von den begeisterten Gästen. Die Juroren des Great Taste Awards, einer der wichtigsten Food Awards in UK und Europa, haben Bizziice bis heute mehrmals ausgezeichnet. Die Liebe zum Eis, wir können sie schmecken.

Wallstraße 26/Ecke Brückenstraße, 60594 Frankfurt am Main
Koselstraße 42/Ecke Weberstraße, 60318 Frankfurt am Main
www.bizzi-ice.com

11 Classico und Fantastico

Eissalon Firenze

Eine bunte Eis-Theke, Pastellfarben im Innern, fliederfarbenes Plüschsofa, türkise Oldtimervespa vor dem Laden – der kleine „Eissalon Firenze" passt ideal in die Anmutung des Florentinischen Viertels in Frankfurt-Sachsenhausen. Doch entscheidend ist, was in die Waffel kommt. Und das, was Adriano Paneghel im „Eissalon Firenze" den Gaumen der zahlreichen Eisliebhaber kredenzt, kann sich sehen, besser passt wahrscheinlich: schmecken lassen. Über zwanzig verschiedene Geschmacksrichtungen, unterteilt nach „Classico" und „Fantastico", gehen hier über den Tresen, darunter Sorten wie „Fior di Latte", „Limone e Basilico", „Pistacchio di Bronte", „Cioccolato fondente di Pernigotti", „Amore Tosco Siciliano" – allein bei solchen Bezeichnungen läuft dem Genießer das Wasser im Munde zusammen ... mmmh, wer will da nicht gleich losschlecken. Hinzu kommt eine kleine Auswahl bekannter und bestens gemachter Eisbecher-Varianten.

Das Eis stellt Adriano Paneghel in traditioneller Art und Weise in einem kleinen Raum hinter dem Tresen her, nach altem Rezept und immer aus frischen und besten Ingredienzien. Qualität geht hier vor Quantität. Welche Zutaten er für seine Kreationen wie mischen muss, weiß der Eis-Experte längst auswendig. „Nach über zwanzig Jahren Erfahrung sind alle meine Rezepte im Kopf."

Im Firenze wird das Ergebnis dieser Handwerkskunst übrigens ganz italienisch gespachtelt, was die Portionen größer macht als bei üblichen Eiskugeln. Bei diesem Eisgenuss ist dies für die Gäste sicher kein Nachteil ...

Walther-von-Cronberg-Platz 9, 60594 Frankfurt am Main,
www.eissalon-firenze.de

12 Tanz der Aromen

AromA

Wer Lust auf Falafel und andere fernöstliche Köstlichkeiten wie Schawarma oder Hummus hat, dem sei unbedingt das „AromA" im Nordend empfohlen - früher ein unprätentiöser Kiosk, heute angesagter Imbiss, der nicht nur bei Vegetariern fast Kultstatus hat.

Zugegeben: Für die schnelle Pause zwischendurch eignet sich der Hotspot leider nur bedingt, obwohl hier streng genommen orientalisches Fastfood angeboten wird. Doch mitunter muss man mit langen Schlangen rechnen, die zu Corona-Zeiten dummerweise noch länger geworden sind. Aber wenn man es dann endlich bis zum Fenster geschafft hat, wo man, wie an jedem Wasserhäuschen, die Bestellung aufgibt, dann geht es erfreulicherweise doch recht fix, bis man die üppigen Köstlichkeiten in der Hand hält. Neben den üblichen Klassikern gibt es auch verrücktere Kombinationen - etwa Hummus-Falafel mit Merguez. Mehr geht immer ...

Das Preis-Leistungs-Verhältnis ist fair, die Qualität seit Jahren gleichbleibend - was ebenfalls für die hohe Nachfrage sorgt. Also alles gut? Naja, fast - irgendwas ist ja immer. Hier wären es am ehesten die raren Sitzmöglichkeiten. Aber Moment, fair ist dieser Einwand nicht, denn tatsächlich handelt es sich ja beim AromA um einen Imbiss und kein Restaurant, wenngleich die angebotene Qualität der Speisen gut und gerne in einem solchen serviert werden könnte.

Oeder Weg 80, 60318 Frankfurt am Main

13 Istanbul lässt grüßen

Das Dönerboot

Ein Hauch vom Bosporus weht hier über den Main, denn die türkischen Spezialitäten, die in dem weiß-roten Boot angeboten werden, erinnern an die türkischen Fischerboote in Istanbul, die gegrillten Fisch im Brot verkaufen. Seit 2004 gibt es den schwimmenden Imbiss. Damit hat sich Inhaber Ramiz Meral einen Lebenstraum erfüllt und ein ehemaliges Marineschiff entsprechend seiner Bedürfnisse umgebaut. Hier gibt es neben Döner, Dürüm oder Lahmacun eben genau jene gegrillten Makrelen, Sardinen und Doradengerichte, für die Istanbuler Fischer berühmt sind. Und auch den Fischdöner hat Meral eingeführt, mit dem Ziel, den klassischen zu vertreiben. Eine köstliche Idee! Aber hier braucht man ebenfalls ein wenig mehr Geduld, denn Merals Speisen sind beliebt – in der Mittagspause und noch mehr am Abend, wenn sich an dem schwimmenden Imbiss die gesamte Stadt zu treffen scheint. Übrigens kann man auch zu Wasser ordern, was die Führer vorbeibretternder Sportboote und die gemächlich dahinschippernden Schleppkähne freut – „swim through" sozusagen.

Neben den wunderbar würzigen Gerichten werden noch türkischer Tee und hausgemachte Limonaden angeboten. Letztere heißt „Omilade", wird täglich aus frisch gepressten Zitronen hergestellt und geht auf ein Rezept von Merals Großmutter zurück. Kraft schöpft er während der Wintermonate. Dann hat das Dönerboot Pause und Meral macht Urlaub bzw. widmet sich seinem anderen Standbein, den „Meral Events", bei dem er für kleinere und größere Veranstaltungen türkische Spezialitäten offeriert. Selbstverständlich sind diese auch im Frühling und Sommer buchbar, Meral ist eben ein Tausendsassa.

Liegeplatz: gegenüber Schaumainkai 35, 60594 Frankfurt am Main, www.meral-event.de

14 Hier geht's um die Worscht!

Gref-Völsings

Ja, klar, hier geht's um die Wurst – und zwar um die Rindswurst, immer erkennbar an den blauen Metallklammern an den Zipfeln, dem Markenzeichen der Familienmetzgerei. 1894 gegründet, wird das Traditionsgeschäft bereits in fünfter Generation geführt. Jeden Tag werden hier neben anderen Wurst- und Fleischspezialitäten, hausgemachten Salaten und vielem anderen vor allem mehrere tausend Rindswürste hergestellt. Denn die dicken, kurzen Würste stehen nicht nur in Restaurants und Gaststätten auf den Speisekarten, sondern können auch direkt und vor Ort ab sieben Uhr im hauseigenen Imbiss verzehrt werden. Besonders beliebt ist auch das „Menü": eine Rindswurst, eine Tasse mit Brühe und ein schön dunkel gebackener Wasserweck. Das gehört so, daran ist nicht zu rütteln.

Allein die Atmosphäre an der nimmermüden Hauptverkehrsader ist besonders, denn beim „Gref" – wie Stammkunden und Kenner die Metzgerei nennen – kommen die Angestellten aus den angrenzenden Büros und Agenturen, Brummifahrer, Hafenarbeiter, Bewohner der schicken Wohnblocks und solche, die schon damals im Ostend wohnten, in seltsam trauter Einigkeit zusammen, vereint durch die Lust am Wurstgenuss. Das Original von Gref-Völsings besteht übrigens zu 100 Prozent aus Rindfleisch, garantiert! Obwohl bis zu zehn Prozent Schweinefleisch erlaubt wären, die Masse wird in Rinderdärme mit den blauen Klipps abgebunden und für ca. 60 bis 90 Minuten heiß geräuchert. Und weil das Fleisch tatsächlich schlachtfrisch verarbeitet wird, kann man auf Phosphat verzichten. Das ist und bleibt so, Tradition ist Tradition.

Hanauer Landstraße 132, 60314 Frankfurt am Main,
www.gref-voelsings.de

15 Klein, aber oho!
Cigköftem

Normalerweise versteht man unter Çiğ Köfte meist kräftig gewürzte, rohe Hackfleischbällchen, die sich, das kann man unumwunden so sagen, einfach perfekt als Snack zwischendurch eignen. Traditionell werden sie aus fettarmem Rinderhack zubereitet. Bei „Çiğköftem" ist das jedoch anders, was nun vor allem Vegetarier und auch Veganer jubeln lassen wird, denn damit haben sie neue Anlaufstellen in der Stadt, wenn der kleine Hunger um die Ecke lugt. Çiğköftem ist übrigens ein Franchise-Konzept, das 1993 in der Türkei gegründet wurde. Und so besteht das äußerst beliebte türkische Fingerfood in den jeweiligen Filialen nämlich aus Weizenbulgur, Tomatenmark, gemahlenen Chilischoten und 18 verschiedenen Gewürzen. Außerdem gibt es diverse weitere ebenfalls schön orientalisch scharf gewürzte Grill-Spezialitäten sowie Köfte und Pide-Snacks, selbstredend gleichermaßen zu 100 Prozent aus pflanzlichen Zutaten. Muss man erwähnen, dass bei Çiğköftem täglich und frisch zubereitet wird? Eigentlich nicht.

Ob in einen Dürüm-Fladen gerollt oder einfach direkt aus dem Salatblatt: Çiğ Köfte ist wie gemacht als Snack zwischendurch. Kombiniert wird das Ganze mit Granatapfel-Soße, Zitronensaft, Minze, Petersilie, Salat, Tomaten, Gurken und Frühlingszwiebeln und ist in Form eines Wraps (Dürüm), Burgers oder als Portion zum Selbstbelegen erhältlich. Mmmmmm, hier tanzen die Aromen auf der Zunge!

Leipziger Straße 44, 60487 Frankfurt am Main

16 Godfather of Worscht
Best Worscht in Town

Angeblich wurde die Currywurst 1949 in Berlin von Herta Heuwers erfunden, 2009 wurde ihr hier sogar ein eigenes Museum errichtet und Herbert Grönemeyer besang schon 1982 den vielleicht ehrlichsten, sicher aber fettigsten aller deutschen Mittagssnacks in schönstem Ruhrpott-Dialekt. Und auch in Frankfurt liebt man sie, zu „Best Worscht in Town" pilgert sprichwörtlich die ganze Stadt. 1994 übernahm Lars Obendorfer den Wurstimbiss seiner Familie im Grüneburgweg 37 im Frankfurter Westend und hat daraus ein wahres Wurstimperium geschaffen, sogar in Dubai gibt es zwei Snackpoints. Das „Brenn-O-Meter", mit dem man messen kann, wie scharf man is(s)t, gilt als Kult.

Aber was ist hier anders, schließlich gibt's ja Currywurst buchstäblich an jeder Ecke? Ins Schwärmen kommen Connaisseure nicht nur wegen der superleckeren Worscht samt Soßen in unterschiedlichen Geschmacksnuancen- und Schärfegraden, die man individuell zusammenstellen kann, sondern auch und vor allem wegen der Beilagen: kräftig-krosses Bauernbrot aus der Frankfurter Bäckerei Huck, das ebenfalls Kultcharakter genießt, und wegen der knusprigen Pommes. Die Würste – wahlweise Brat- oder Rindswürste (und seit einiger Zeit auch vegane Alternativen!) – werden nach alten Familienrezepten gefertigt. Ob „Old School" und ohne zusätzliche Schärfe oder als „Jambalaya", „Honey-Love" und „Pirat" mit Schärfegraden von „Bissi Prickeln" bis „Godfather's Deathkiss" oder „FBI" – hier ist wirklich für jeden Geschmack etwas dabei. Hervorragend bodenständig und ausgefallen zugleich.

Tipp: unbedingt die „naggischen" Pommes mit Trüffelmayonnaise und Parmesan zu „Pommes Royal" pimpen!

Grüneburgweg 37, 60322 Frankfurt am Main, www.bestworschtintown.de

17 Itadakimasu: Guten Appetit!

SuperKato

Liebhaber opulenten Interieurs sind wahrscheinlich ein wenig enttäuscht, wenn sie diesen sehr spartanisch eingerichteten Souterrain-Laden betreten, der tatsächlich optisch den typischen japanischen und koreanischen Imbissen entspricht. Denn hier gibt es nichts, was einen vom Wesentlichen ablenken könnte - authentisches Sushi und eine kleine Auswahl japanischer Snacks sowie japanische Lebensmittel, die ebenfalls zum Sortiment gehören. Denn im eigentlichen Sinne ist der „SuperKato" ja ein kleiner Supermarkt mit Sushi-Ecke - oder vielleicht doch eher ein Sushi-Takeaway mit japanischer Lebensmittelecke? Egal wie, beides stimmt. Übrigens ist die Auswahl an Sake ebenfalls gut.

Frisch zubereitet vor den Augen der Wartenden erhält man die georderten Köstlichkeiten to go oder um sie an einem der Stehtische zu verzehren. Nur blöd, dass es um die Mittagszeit, unter der Woche wie am Wochenende, meist sehr voll ist - wer noch nicht da war, schmeckt anschließend sofort, wieso ... Aber man kann auch vorbestellen, so dass man auf diese Weise die Warteschlangen umgehen kann.

So ganz fair ist der Hinweis auf fehlende Deko übrigens nicht. Schließlich stehen im Fenster auf schmalen Regalen eine Vielzahl großer und kleiner Kokeshi - jene niedlichen, fein bemalten traditionellen Holzpuppen, die ursprünglich aus dem Nordosten Japans stammen und bei Sammlern heiß begehrt sind. Doch allen Dekofreunden sei gesagt: nachfragen, wie teuer diese sind, ist umsonst. Denn es handelt sich um Glücksbringer - und die verkauft man bekanntlich nicht, in keinem Land der Welt.

Kornmarkt 3, 60311 Frankfurt am Main

18 From Nose to Tail

Bornheimer Ratskeller

Eigentlich ist Mario Furlanello Architekt. Aber er ist auch Küchenmeister, Gründer einer Kochschule, Gründerpreisträger 2008, bester Fleischergeselle Hessens und Gründer des „Bornheimer Ratskellers", eines Restaurants, in dem sich alles um nachhaltigen Genuss dreht. Zugegeben, das behaupten viele. Doch hier wird dieser Anspruch auf ganz besondere Weise zelebriert – das gastronomische Herzstück des Restaurants ist, neben dem geschmackvoll gestalteten Gastraum, die hauseigene Metzgerei, in der die hochwertige Rohware nicht nur eigenständig zerlegt, sondern, „from nose to tail", wie es so schön auf Neudeutsch heißt, weiterverarbeitet wird. Diese Vorgehensweise – die quasi abfallfreie Verwertung der geschlachteten Tiere – ist eine Herzensangelegenheit für Mario Furlanello. Das Ergebnis reicht von Mettwürsten und delikatem Schmalz über den hauseigenen Schinken bis hin zu eigenen Fonds und Soßen. Darüber hinaus hat er eine Leidenschaft für Lebensmittel, die aus der Region stammen und die er mit Bedacht auswählt. Und so kommen hier deutsche Klassiker mit italienischen Einflüssen aus regionalen, saisonalen Zutaten auf die Teller.

Weil die Küche offen ist, kann man jederzeit beobachten, wie Mario Furlanello und sein Team bei der Arbeit vorgehen und wie die Gerichte entstehen: ordentliche Küche, die aufwendig ist, denn hier ist alles Handwerk, selbst die Nudeln, deren Herstellung Furlanello bereits als Kind bei der italienischen Großmutter gelernt hat. Klar, das macht Mühe, aber genau das ist der Unterschied, den der Gast nicht nur sieht, sondern vor allem schmeckt. Nach Küchenschluss dreht der Patrone im Übrigen noch eine Runde bei seinen Gästen – auch das gehört zum Service und Handwerkszeug eines guten Gastgebers.

Kettelerallee 72, 60385 Frankfurt am Main, www.ratskeller-bornheim.de

19 Geliebte Gastfreundschaft

Daheim im Lorsbacher Thal

Daheim ist dort, wo man sich zu Hause fühlt. Wo man Menschen trifft, die es gut mit einem meinen – wo man umsorgt wird, das ist die gelebte Überzeugung der beiden erfahrenen Gastronomen Pia und Frank Winkler.

Bis 1803 reicht die Tradition des Apfelweinlokals zurück, das Gebäude befindet sich noch im Besitz der Gründerfamilie und ist eine der ältesten Ebbelwei-Wirtschaften der Stadt. Nur ganz vorsichtig renoviert, betritt man hier eine Original-Schankwirtschaft aus der guten alten Zeit, die einerseits mit den Traditionen spielt, andererseits diese auch ins Hier und Heute übersetzt. Selbstverständlich stehen die Frankfurter Klassiker auf der Karte – aber doch ein bisschen anders interpretiert, moderner, kreativer – eben mit Pfiff. Daher serviert man hier nicht nur die normal großen Portionen wie sonst auch überall, sondern, ganz raffiniert, auch in Tapasform; kleine Häppchen, die Lust auf mehr machen und all jene erfreuen, die sich zwischen den Köstlichkeiten nicht entscheiden können. Auch der so ganz und gar untypische überaus herzliche Ton, mit dem man den Gästen begegnet, unterscheidet das Lokal von anderen einschlägigen Lokalen, die meist auf die sprichwörtliche raubeinige Apfelweinherzlichkeit setzen. Hier lebt man Gastfreundschaft aus vollstem Herzen. Und noch etwas ist besonders: In den Kellern lagern nicht nur historische Holzfässer und moderne Tanks, in denen der selbstgekelterte „Schobbe" reift, sondern auch Apfelweinraritäten aus der ganzen Welt – gut 150 Positionen umfasst die Karte, die damit die umfassendste der Welt sein dürfte, schließlich versteht man sich auch als Zentrum der Apfelweinkultur.

Große Rittergasse 49, 60594 Frankfurt am Main,
www.lorsbacher-thal.de

20 Ehrlich und ohne Chichi

Fischhaus Prinz

Fisch ist eine Frage des Geschmacks – der eine liebt Meeresfrüchte, der andere bevorzugt ein Fischfilet und ein Dritter mag „Fish'n'Chips" auf die Hand oder ein einfaches Fischbrötchen. Wenig fancy, dafür ehrlich-traditionell ist das Angebot im „Fischhaus Prinz" in Griesheim.

Zugegeben, es liegt nicht auf den gängigen Einkaufsrouten. Man muss es kennen, daher könnte man es durchaus als Geheimtipp bezeichnen. Wer hierherkommt, der weiß, was er möchte – nämlich hervorragenden frischen Fisch und fachkundige Beratung. Das alles – und noch ein bisschen mehr – gibt es nämlich in dem kleinen Fachgeschäft, das fest in Familienhand ist und in dem man sich auf das Wesentliche konzentriert: die hervorragende Ware, die man jeden Tag an den Kunden bringt. Entweder, um sie selbst zu Hause fertig zuzubereiten oder aber um sie direkt und vor Ort zu verzehren. Denn zum Fischhaus Prinz gehört auch ein Bistro, in dem man die Spezialitäten des Hauses, die eben noch in der Auslage präsentiert wurden, genießen kann. Allerdings ohne Chichi und aufregende Tellerdekoration – allenfalls findet man ein Petersiliensträußchen fürs Auge –, sondern mit ehrlichem Kartoffelsalat und hausgemachter Remoulade als Beilage. Aber was will man mehr, schließlich geht's hier um Fisch und sonst nichts. Und so ist der Mittagstisch ein beliebter Treffpunkt von Menschen aus der Nachbarschaft, aber auch Angestellte aus den Büros in den umliegenden Stadtvierteln zieht es regelmäßig in die unprätentiös gestalteten Räume. Und egal, wie weit der Weg auch sein mag – er lohnt sich!

Hartmannsweilerstraße 77, 65933 Frankfurt am Main,
www.fischhaus-prinz.de

21 Weltklasse-Restaurant
Lafleur

Mit seinem Namen erinnert das international hochgelobte Spitzen-restaurant im Gesellschaftshaus des Palmengartens an das renom-mierte Weingut „Château Lafleur" im Pomerol. Chefkoch Andreas Krolik, 2017 ausgezeichnet als „Koch des Jahres", mit zwei Miche-lin-Sternen und 19 Gault-Millau-Punkten hochdekoriert, zelebriert hier eine zeitgemäße, überraschende, klassische Gourmetküche mit mediterranen Anleihen und regionalen Produkten auf Sterne-niveau mit den für ihn so typischen intensiven Geschmacksnuan-cen, die zwischen leichter Süße und angenehmer Säure changieren – ein Spiel mit den Aromen, für das er seit Jahren bekannt ist. Seit 2015 ist das Restaurant übrigens auch stolzes Mitglied bei „Relais & Châteaux" und gehört somit zu den insgesamt 500 besten Res-taurants weltweit.

Hochgelobt ist der begeisterte Angler darüber hinaus für sei-ne Fischgerichte und seine kunstvoll angerichteten Teller, die mit den Jahren minimalistischer geworden sind und sich ganz auf die verwendeten Produkte und ihren ureigenen Geschmack konzent-rieren. Begleitet werden die Speisen von einer abgestimmten Aus-wahl aus dem hauseigenen Weinkontor, einem begehbaren Wein-schrank, der eine schier unglaubliche Auswahl der besten Weine Europas umfasst. Entworfen wurde das Feinschmeckerlokal vom Frankfurter Architekten Martin Willems, der hier ebenfalls moder-ne und klassische Elemente in Harmonie vereint. In der separaten Lounge genießt man übrigens einen herrlichen Ausblick auf das Siesmayer Blumenparterre. Außerdem ist sie der ideale Ort, um sich mit einem Aperitif auf den Abend einzustimmen bzw. einen genussvollen Abend beim Digestif ausklingen lassen.

Palmengartenstraße 11, 60325 Frankfurt am Main,
www.restaurant-lafleur.de

22 Nudeln wie bei Muttern
Pasta Davini

Gute, ehrliche italienische Küche – darum geht es Roswitha Stern in ihrem ganz besonderen Restaurant, das sich unweit des Tigerpalasts in einer ehemaligen Wohnung befindet und das schon lange kein Geheimtipp mehr ist. Nicht erst seit Corona läuft hier ohne Reservierung nichts, aber diese wunderbaren Pastasoßen, die die toskanischen Frauen hier zaubern, sind einfach zu köstlich, sowas spricht sich im „Metropölchen" Frankfurt schnell rum.

Wer hinein möchte, der muss klingeln und findet mit etwas Glück und sehr wahrscheinlich ein paar Tagen Wartezeit seinen Platz auf einem der etwa 30 Plätze. Und dann geht sie los, die kulinarische Überraschungsreise, denn man sucht nicht nur auf der Internetseite vergeblich nach einer Speisekarte, auch vor Ort gibt es keine. Vielmehr werden die Gerichte am Tisch von den Kellnern einzeln und detailliert aufgezählt und beschrieben – so weiß man sofort, worauf man sich einlässt, aber im Zweifel – und weil sich das alles ohnehin kein Mensch merken kann – ist alles vorzüglich!

Die Portionen sind üppig und werden, so etwa bei der klassischen italienischen Carbonara ohne Sahne, dafür mit Ei, direkt am Tisch zubereitet. Die Antipastiplatten sind ein Gedicht: Verschiedene Schinken- und Käsesorten gehen hier mit Nüssen und Früchten wunderbare Koalitionen ein – und die Desserts sind ebenfalls Bombe. Im geschmacklichen Sinne wie auch entlang der Nährwerttabelle. Aber scusi! Schließlich lebt man nur einmal! Und das Leben ist bekanntlich viel zu kurz für schlechtes Essen und Erbsen-, vielmehr „Kalorienzählerei". Es lebe das Leben – im „Pasta Davini" definitiv.

Heiligkreuzgasse 9a, 60313 Frankfurt am Main, www.pasta-davini.de

23 Wohlige Düfte
Gewürz- und Teehaus Schnorr

Wer die Neue Kräme in Richtung Paulsplatz hinunter flaniert, dem steigen die verführerischsten Düfte in die Nase – die Waren des „Gewürz- und Teehaus Schnorr" kündigen sich schon von Weitem an und wecken Vorfreude. Mmmh, welch wohliger Duft! Der familiengeführte Frankfurter Traditionsbetrieb verwöhnt seine Kunden mit Tee, Gewürzen, Porzellan und Teezubehör, asiatischen Spezialitäten, Feinkost aus aller Welt, asiatischem und internationalem Kunsthandwerk und vielem mehr.

Allein Teeinteressierte finden in dem charmanten Laden ein Angebot von über 300 Teesorten aus zahlreichen Teeanbaugebieten der Welt. Kompetente Beratung und Verkostung sind hier inklusive. Das freundliche Personal ist vom Fach, teilt kulinarische Raffinessen und liefert Inspirationen von Backen bis Kochen. Inzwischen in dritter Generation und seit 1978 an der Neuen Kräme 28 steht Schnorr für außergewöhnliche Genussmomente und ein Erleben mit allen Sinnen. Die Kunden, ob Neu- oder Stammkunden, zeigen sich begeistert: „Ihr Haus ist für mich der einzige Ort, der mir gleichzeitig das Gefühl ‚zu Hause' und ‚der großen weiten Welt' gibt."

Neue Kräme 28, 60311 Frankfurt am Main, www.teeshop.de

24 Sehnsuchtsziel für Genießer

Fattoria La Vialla – Die Speisekammer

Die Toskana – eine Landschaft zum Träumen. Doch nicht nur für das Auge hat die Region viel zu bieten, auch für den Gaumen finden sich hier kulinarische Schätze, die in der ganzen Welt bekannt sind. Genau dort, wo sich die Landschaft in sanften Hügeln wellt und der Blick über dunkelgrüne Zypressen-Alleen, Weinreben und leuchtende Wiesen schweift, versteckt sich eine besondere Adresse: die Fattoria La Vialla. Der biodynamische landwirtschaftliche Betrieb am Rande des Chianti-Anbaugebietes, in Castiglion Fibocchi, bestellt 14 Kilometer nördlich von Arezzo rund 1.600 Hektar Land und produziert in eigener Herstellung hochwertige Weine, Olivenöle, Pecorino, Salamispezialitäten, Antipasti, Soßen, Pasta und Süßes sowie Honig und verschiedene Essigvarianten, die alle mehrfach zertifiziert und prämiert sind.

Die Erzeugnisse der Fattoria gibt es vor Ort im eigenen Hofladen, online und über eine außergewöhnliche Verkaufsstation im Frankfurter Stadtteil Fechenheim. Von außen ist die alte Industriehalle etwas unscheinbar. Doch wenn man die Eingangstür durchquert, befindet man sich inmitten eines kleinen Ausflugs in die Toskana. Die erste Filiale der Fattoria La Vialla, „Die Speisekammer", vermittelt Urlaubsflair. Hier werden Weine, Olivenöl, Pasta, Artischocken, eingelegte Antipasti, Soßen und weitere Leckereien direkt vom Landgut verkauft. Im Laden kann man alles probieren, Köche bereiten Pasta zu und reichen zahlreiche Köstlichkeiten, die in gemütlicher Runde an einer langen hölzernen Tafel genossen werden können. Der Zugang und das Einkaufen in der Speisekammer sind ausschließlich mit der persönlichen Chipkarte möglich, die online beantragt wird.

Cassellastraße 30–32, 60386 Frankfurt am Main, www.lavialla.com

25 Koscher genießen

Migdal

„Das ist nicht ganz koscher!" – dieser Satz ist weit verbreitet. Seine Aussage ist klar: Etwas ist nicht in Ordnung. Ursprünglich stammt der Begriff „koscher" aus dem Jüdischen und steht für Lebensmittel, die den Reinheitsgeboten der heiligen Schrift, der Tora, entsprechen. Koscher bedeutet so viel wie „rein" und „geeignet". Die „Kaschrut-Regeln", die jüdischen Speisevorschriften, unterteilen Lebensmittel in koschere und nicht koschere (trefe). Darüber hinaus werden fleischige (basari) von milchigen (chalawi) und neutralen Speisen (parve) unterschieden – sowohl bei der Zubereitung als auch beim Verzehr.

Die Einhaltung der Speisegesetze bedeutet für religiöse Menschen auch im Alltag ihren Glauben bewusst zu leben. Doch sich koscher zu ernähren, ist durch die vielen verschiedenen Regeln oft herausfordernder als es von außen scheint. Die „Kaschrut-Regeln" in Frankfurt einzuhalten, ist jedoch gut möglich – nicht zuletzt durch das wachsende Angebot an koscheren Lebensmitteln. Eine lohnende Anlaufstelle befindet sich im Frankfurter Ostend. Leicht versteckt im Souterrain liegt das Geschäft „Migdal". Der kleine, aber gut sortierte Laden bietet ein umfangreiches Sortiment koscherer Speisen. Dazu kommen diverse israelische Spezialitäten sowie mittel- und osteuropäische Lebensmittel, Weine, frisches Fleisch, Süßigkeiten und mehr. Das Geschäft und der Verkauf stehen unter der Aufsicht des Rabbinats der Jüdischen Gemeinde Frankfurt und hat auch sonntags geöffnet.

Saalburgallee 30, 60385 Frankfurt am Main, www.migdal-frankfurt.de

26 Wo der Frischegenuss zu Hause ist

Feinschmecker finden in Frankfurt viel gute Adressen. Man stöbert, verkostet, entdeckt und kommt manchmal aus dem Staunen so schnell nicht heraus.

FrischeParadies

Das Feinkostgeschäft FrischeParadies schickt seine Kunden auf kulinarische Weltreise: von Fisch & Seafood über Fleisch & Geflügel, Obst & Gemüse bis hin zu Gewürzen und Trüffeln sowie Desserts und Spirituosen. Hier gibt es feinste Genüsse aus der ganzen Welt, aber auch regionale Spezialitäten in höchster Qualität.

Lärchenstraße 101, 65933 Frankfurt am Main, www.frischeparadies.de

Me.ta.

Die Kunden des familiengeführten Unternehmens Me.ta. werden mit italienischen Lebensmitteln und Produkten von Antipasti bis Zampone verwöhnt. An der Frischetheke verströmen Wurst-, Schinken- und Käsespezialitäten italienisches Flair. Oder genießen Sie Antipasti wie eingelegte Oliven, Artischocken, Meeresfrüchte und mehr.

Hanauer Landstraße 208-216, 60314 Frankfurt am Main, www.me-ta.de

VENOS

Bei Venos finden Feinschmecker eine große Auswahl an Fisch, Fleisch, Pasta, Käse, Wein sowie Obst- und Gemüse – alles, was das Herz begehrt. Besonders Obst und Gemüse, mehr als 400 Weine in der Vinothek, Spirituosen, Molkereiprodukte, frischer Fisch, Fleisch, ausgewählte Olivenöle sowie 100 verschiedene Pasta-Variationen und Soßen aus über 70 Ländern gehören zum Sortiment.

Rödelheimer Landstraße 75–85, 60487 Frankfurt am Main, www.venos.de

27 Reise durch Südamerika
Ponto Brasil & Latino

Fußball, Samba, Copacabana – Brasilien ist viel mehr als diese ersten Gedanken, die einem zu dem größten Land in Südamerika einfallen! Überzeugen können Sie sich in der Frankfurter Innenstadt. Ja, genau dort, denn beim inhabergeführten Familienbetrieb „Ponto Brasil & Latino" taucht man ein in die kulinarische Welt Lateinamerikas.

Auf der Reise durch den verheißungsvollen Subkontinent stoßen Gäste in dem gemütlichen Laden auf Getränke, Biere, Lebensmittel, Wein, Rum, Cachaça und viele weitere Köstlichkeiten rund um das Thema Brasilien und Lateinamerika. Und weil der Süden Amerikas so abwechslungsreich und bunt ist, umfasst das Sortiment von Ponto Brasil & Latino über 800 verschiedene Produkte aus Brasilien, Argentinien, der Dominikanischen Republik, Kolumbien, Kuba, Venezuela und Peru. Direktimporte von den wichtigsten Herstellern vor Ort gewährleisten die hohe Qualität und Frische der Produkte wie „Apioca", „Guaraná", „Kibe", „Pão de Queijo", „Farofa", „Yerba Mate" und „Cachaça" und viele weitere. Reizvoll für Entdecker: Regelmäßig kommen neue Produkte hinzu. Einkaufen ist hier deutlich mehr als der Erwerb von notwendigen Lebensmitteln. Der Ponto ist inzwischen ein Treffpunkt für alle Brasilien- und Lateinamerikafans und ein Dreh- und Angelpunkt der brasilianischen Gemeinschaft geworden.

Töngesgasse 7, 60311 Frankfurt am Main, www.brasil-latino.de

28 Der Bauch der Stadt
Die Kleinmarkthalle

Im Innern des denkmalgeschützten Baus aus den 1950ern offenbart sich ein Quell köstlichster lukullischer Freuden. Hören, schmecken, riechen, fühlen – die Kleinmarkthalle ist ein Genusstempel für alle Sinne. Auf rund 1.500 Quadratmetern warten Lebensmittel, Obst, Gemüse, Fleisch, Fisch & Meeresfrüchte, Backwaren und Etliches aus hiesigen Gefilden, aber auch exotische Spezialitäten.

Hassengasse 5–7, 60311 Frankfurt am Main, https://kleinmarkthalle.de

Doch auch die Frankfurter Wochenmärkte bieten schmackhafte Köstlichkeiten, gleichzeitig sind sie ein beliebter Treffpunkt für Alt und Jung. Eine Auswahl:

Bauernmarkt Konstablerwache
Am Donnerstag und Samstag steht hier der Genuss im Mittelpunkt. Der Erzeugermarkt ist ein beliebter Treffpunkt für Frankfurter, die frische Produkte einkaufen oder diverse Leckereien auch vor Ort verzehren.

Bornheimer Wochenmarkt
Der geschätzte Wochenmarkt findet mittwochs und samstags auf der oberen Berger Straße zwischen Saalburgallee und Uhrtürmchen statt.

Wochenmarkt und Markthalle Höchst
Obst, Gemüse, Feinkost, Fleisch und Wurst – frische Waren werden auf dem Wochenmarkt und der Markthalle Höchst jeden Dienstag, Freitag und Samstag von 7 bis 13 Uhr angeboten.

Wochenmarkt Offenbach
Am Wilhelmsplatz findet dienstags, freitags und samstags der Offenbacher Wochenmarkt statt. Der Erzeugermarkt dient nicht nur der kulinarischen Versorgung, sondern auch dem Austausch von Neuigkeiten.

29 Orient für zu Hause

Zerouali

Geht es nach uns, dann ist einer der Hauptgründe, die Welt zu bereisen, das Essen. Um an die unterschiedlichsten Orte zu kommen, müssen wir uns jedoch nicht immer auf einen langen Weg begeben. In einer weltoffenen und multikulturellen Metropole wie Frankfurt entdecken Menschen, die mit offenen Augen und Ohren unterwegs sind, an vielen Ecken kleine Oasen, die exotische Waren aus den unterschiedlichsten Regionen anbieten. Ja, in Frankfurt ist die Welt zu Hause.

Bei „Zerouali" im Bahnhofsviertel etwa begibt man sich vor den Regalen auf eine orientalische Reise in die besondere Küche Marokkos. Das Lebensmittelgeschäft bietet viele traditionelle arabische Produkte und Spezialitäten sowie mediterrane Köstlichkeiten an. Bei der Suche nach Halal-Zutaten ist man hier richtig. Das Sortiment an Getreide, Couscous in allen Variationen, duftenden Gewürzen und Gewürzmischungen, diversen Ölen, köstlichen Backwaren und Trockenfrüchten, arabischen Tees sowie frischem Fleisch, Fisch, Obst und Gemüse zaubert einen Hauch Orient auch in Ihr Zuhause. Wer dabei etwas Unterstützung braucht, dem steht das freundliche Personal helfend zur Seite.

Elbestraße 11, 60329 Frankfurt am Main

30 Alles Käse
Käseladen 34

Zugegeben - der Name könnte etwas kreativer sein. Wobei, eigentlich ist es recht angenehm, dass man nicht krampfhaft versucht hat, ein lustiges Wortspiel (wie etwa diese Überschrift) in Bezug auf das Angebot zu machen. Etwa so, wie es mancher Frisör auch oftmals versucht. Und außerdem weiß man dann auch sofort, nach welcher Hausnummer man zu suchen hat. Praktisch!

Das Angebot ist immens und mit viel Liebe zum Handwerk und zur Tradition ausgewählt. Fast ist man versucht, hier die gern genommene Floskel „es gibt nichts, was es nicht gibt" zu bemühen. Aber das ersparen wir uns. Also konkreter: Es gibt feinste internationale Rohmilchkäse, saisonale Delikatessen, Weich- und Hartkäse aus Kuh-, Schafs- und Ziegenmilch und darüber hinaus noch leckere Knabbereien und Sößchen, diverse Senfsoßen, edle Weine und Hochprozentiges, also eigentlich alles, was gut zum Thema passt.

Die Auswahl an Ziegen- und Schafskäse gilt übrigens als die größte in Frankfurt. Die Bedienung ist freundlich und kompetent und berät mit großer Lust am Thema. Doch damit nicht genug: Ebenfalls zum Angebot gehören schmackhafte Quiches in unterschiedlichsten Variationen in klein und groß, die täglich frisch zubereitet werden, sowie ein Cateringservice, dank dessen die käsigen Köstlichkeiten hübsch angerichtet zum geschmacklichen Höhepunkt einer jeden Veranstaltung werden. Was will man mehr?

Leipziger Straße 34, 60487 Frankfurt am Main

31 Goldgelbes Stöffche
Apfelweinhandlung JB

Die vielfältige und pulsierende Rhein-Main-Region wird kulinarisch durch ein besonderes, ein flüssiges Highlight geeint: Apfelwein. Von Experten übrigens auch gerne Äpfelwein genannt, schließlich besteht das hessische Traditionsgetränk nicht nur aus einem Apfel. Einheimische und Kenner wissen um die ungeahnte geschmackliche Vielfalt, deren Geheimnis auf rund 200 Apfelsorten beruht, die immer noch auf den Streuobstwiesen wachsen. Einen Eindruck, wie abwechslungsreich sich das goldgelbe Stöffche präsentieren und schmecken kann, bekommen Gäste in der Apfelweinhandlung von Jens Becker.

Im lebendigen Sachsenhausen bietet der Fachmann in den zeitlos charmanten Räumlichkeiten einer ehemaligen Apotheke eine bunte Mischung regionalen Apfelweins von kleinen Keltereien und Manufakturen an, die alle großen Wert auf Streuobst legen, ungespritzt und schadstofffrei. Zur Auswahl gehören zum Teil auch Eigenproduktionen und überregionale Produkte sowie außergewöhnliche Erzeugnisse aus anderen Ländern. Ob Sortenrein, Cuvée, Fruchtkombinationen, Apfelsekt, Secco, Cidre oder Apfelbrände – dort, wo früher Medikamente über den Tresen gingen, entdeckt man in den Regalen nun den beeindruckenden Ideenreichtum ausgewählter Manufakturen. Apropos: Auch wenn wir dem Apfelwein in diesem Zusammenhang pauschal keine heilende Wirkung zuschreiben wollen, passt das Stöffche hervorragend in eine ehemalige Apotheke, gilt das Naturprodukt mit seinen Polyphenolen, geringem Alkoholgehalt und wenigen Kalorien doch als sehr gesund. Da erscheint es fast schon überflüssig zu erwähnen, dass Jens Becker eine Menge spannender Geschichten zum Thema Apfelwein erzählen kann und eine kompetente Beratung selbstverständlich ist.

Brückenstraße 21, 60594 Frankfurt am Main,
www.apfelweinhandlung.de

32 Zapfstelle
BrauStil

Hier wird aus Tradition gezapft. Aber nicht, wie Sie jetzt vielleicht denken. Seit seiner Gründung 2014 kreiert „BrauStil" auf dem Gelände einer ehemaligen Tankstelle feine Bierspezialitäten. Die gläserne Manufaktur legt dabei viel Wert auf handwerklich gebrautes Bier und verwendet hierfür Rohstoffe, die überwiegend Bioqualität haben und möglichst aus der Region stammen. Durch den transparenten Charakter und die charmante Größe im Innern können Gäste die Entstehung des Gerstensaftes live miterleben. In Glas und Flasche landen im Ergebnis unfiltrierte, naturtrübe und unbehandelte Biere, die sich auch über die Stadtgrenzen hinweg großer Beliebtheit erfreuen.

BrauStil ist ein kreativer Platz. Bei jedem Besuch warten köstliche Neuentdeckungen, denn das Sortiment der kleinsten Brauerei Frankfurts wechselt regelmäßig und setzt sich aus eigenen, nationalen und internationalen Stilen und Brauverfahren zusammen. Ergänzt wird es durch besondere Biere von regionalen Handwerksbrauereien.

Bislang haben rund 80 verschiedene Sorten den Weg aus dem Kessel in den Ausschank gefunden. Dabei sind so illustre Geschmacksrichtungen wie Alte Kirsche, YuzuStyle, American Stout, California Ale, Frankfurter Pale Ale, Honey Monk oder Hybrid zu finden. Aber auch Klassiker wie ein köstliches Helles kann man sich hier im alten Kassenhäuschen, in dem hinterm Tresen gebraut wird, oder alternativ im überdachten Biergarten, wo einst die Tanksäulen standen, zu Gemüte führen. Als kulinarische Begleitung bietet ein Food Truck mediterrane Köstlichkeiten an. Selbstredend gibt es die Bierspezialitäten auch für zu Hause.

Oederweg 57, 60318 Frankfurt am Main, www.braustil.de

33 Maximale Qualität im Glas

Embury Bar

It is all about having a pleasant time – mit diesem Motto empfängt die „Embury Bar" im Frankfurter Bahnhofsviertel ihre Gäste. Seit August 2017 betreibt Dominik Falger in der Kirchnerstraße eine klassische, amerikanische Cocktailbar mit einem Anspruch an Qualität, die seinesgleichen sucht.

Dunkles Holz, Leder, indirekte Lichtquellen – in der diskreten und einladenden Atmosphäre lässt man den städtischen Trubel rasch hinter sich und findet nahezu perfekte Voraussetzungen für eine zwanglose, entspannte Zeit mit guten Gesprächen und hervorragenden Drinks. Ersteres hängt natürlich auch immer von der Begleitung ab, Letzteres gibt es hier ganz sicher in imposanten Mengen. In den Regalen hinter dem Tresen präsentiert sich eine stattliche Auswahl an Spirituosen; rund 1.500 Flaschen, viel Whisky und zahlreiche Nischenprodukte, die man gar nicht so auf dem Radar hat, lassen keine Wünsche offen. Doch hier geht es nicht um Masse. Im Gegenteil. Bei der Auswahl der Spirituosen, der Zubereitung, den höflich-dezenten Mitarbeitern und dem selbst hergestellten klaren Eis sowie den hausgemachten Zutaten legt der gebürtige Allgäuer, der langjährige internationale Hotellerie- und Barerfahrung gesammelt hat, höchsten Wert auf beste Qualität. In der Embury Bar geht es eben nicht um oberflächliche Effekte und sehen und gesehen werden. „Wir haben keine fancy Gläser, sondern arbeiten in diesem Bereich sehr klassisch, wir legen vielmehr Wert darauf, dass die maximale Qualität beim Gast im Glas ankommt." Beste Voraussetzung für eine angenehme Zeit.

Kirchnerstraße 6-8, 60311 Frankfurt am Main, www.embury.bar

34 Rum in der Quellenstadt

Genusserie

Nomen est omen – in der „Genusserie" in Bad Vilbel steht nichts anderes als selbiger unbedingt im Mittelpunkt. Die Bar in dem aus dem 17. Jahrhundert stammenden Gewölbekeller verströmt Wohlfühlambiente und ist ein unkomplizierter Treffpunkt für Menschen mit Geschmack. Süß, sauer, herb, fruchtig, cremig, sahnig – ob Klassiker oder Neukreation –, mit über 250 Cocktails gibt es in der Nähe vom Alten Rathaus eine üppige Breite zum Stöbern und Ausprobieren.

Das Steckenpferd, auf das sich Geschäftsführer Tim Wegge spezialisiert hat, ist jedoch der Rum. In diesem Bereich bietet die Genusserie nicht nur weit über 400 Sorten aus den unterschiedlichsten Herkunftsländern im Pur-Ausschank (eines der größten Rumsortimente in Europa!), eine riesige Auswahl an Rum-Cocktails kommt noch obendrauf. Geschmackliche Feinheiten der einzelnen Tropfen lassen sich bei solch einem Angebot wunderbar feststellen. Doch die Menge allein macht es nicht. Die richtige Atmosphäre, die passende Zigarre (es gibt einen Cigar-Salon!) sowie ein Stück feinster Schokolade sind mögliche Begleiter beim Rum-Genuss. Beste Voraussetzungen also, um Rum als Premiumgetränk und Genussmittel kennen und schätzen zu lernen. Entweder entspannt in der Bar oder gezielt bei einem angebotenen Tasting.

Abgerundet wird das Angebot durch kleine, leckere Snacks, bei denen Frische, Qualität und Geschmack ebenfalls die entscheidenden Faktoren sind.

Frankfurter Str. 1, 61118 Bad Vilbel, www.genuss-badvilbel.de

35 Hommage an einen Reisenden

Marmion Bar im Hotel „Lindley Lindenberg"

Der Anblick ist ein Hingucker: Wie ein verglaster Setzkasten präsentiert sich die Stirnseite des siebengeschossigen Lindley Lindenberg. Ähnlich einem Schnitt durchs Gebäude präsentiert sich das Hotelleben hinter den Fenstern. Es passt, denn das „Lindley Lindenberg" im Frankfurter Ostend ist alles außer gewöhnlich. Das mit viel Gespür für optische Erlebnisse eingerichtete Haus setzt auf das Gefühl der ungezwungenen Gemeinschaft, in der Langzeitmieter und Übernachtungsgäste nicht nur einfach wohnen, sondern auch eine Vielzahl an Gemeinschaftsräumen gemeinsam beleben können.

Während den Hotelgästen eine Reihe von Gemeinschaftsräumen exklusiv zur Verfügung stehen, gehört die „Marmion Bar" mit angeschlossener Dachterrasse im fünften Stock zu den auch für Besucher öffentlich zugänglichen Bereichen. Die beiden Barbetreiber Torsten Martini (wirklich!) und Malwin Hiller bieten in mondänem Interieur eine feine und umfangreiche Auswahl an Weinen, Spirituosen & Cocktails und servieren neben Klassikern der Barkultur in ihren ursprünglichen Versionen auch neue Interpretationen – angelehnt an Charles Henry Baker's Jr. Cocktailrezepte aus den 1930er Jahren. Der Reiseschriftsteller sammelte und kreierte auf seinen Reisen Cocktail- und Kochrezepte, die er in dem Doppelband „The Gentleman's Companion Vol. I & II" veröffentlichte. Auf der Marmion, seiner Segelyacht, unternahm er viele dieser Entdeckungsreisen in die Welt der exotischen Cocktails. Als Hommage bieten Torsten Martini und Malwin Hiller in ihrer Bar eine Auswahl seiner Kreationen in aufgefrischter Form an.

Lindleystraße 17, 60314 Frankfurt am Main, www.marmion-bar.de

36 Flüssiges Sonnenlicht
Whisky for Life

Während auf der Zeil Menschenmassen in die großen Stores strömen, lässt es sich in der parallel verlaufenden Töngesgasse in Ruhe einkaufen. An ihrem östlichen Ende stößt diese auf die Fahrgasse. Diese wiederum zieht sich von der Zeil fernab vom Trubel vorbei am Fischerplätzchen bis zur Mainbrücke mit dem Brickegickel. Vom Mittelalter bis ins 19. Jahrhundert hinein war sie eine der verkehrsreichsten Straßen der Stadt. Heute ist sie eine ruhige Nebenstraße, die es in sich hat. Die Nähe zur Neuen Altstadt und zur Braubachstraße macht den unteren Teil der Fahrgasse mit ihren Galerien, kleinen, feinen Shops und schönen Cafés zu einem beliebten Wohlfühlort.

Auf der Fahrgasse 6, in der Nähe des Mains, schmücken rund 1.200 verschiedene Flaschen Whisky, überwiegend aus Schottland, und 300 sonstige Brände und Gins die Regale im „Whisky for Life". Das vielfach ausgezeichnete Geschäft von Frank Jerger gehört zu den besten Whiskyshops des ganzen Landes.

Jerger selbst hat über zwei Jahrzehnte Erfahrung in der Branche und sich des Themas Whisky mit Herz und Seele verschrieben. Neben einer professionellen und freundlichen Beratung wartet eine stattliche Auswahl feinster Tropfen auf die Gäste, die man so selten findet. Darunter sind herausragende Lebenswässer wie die Michel Couvreur Whiskys. Bei Whisky for Life lässt sich jedoch nicht nur einkaufen, in seinen Workshops und Tastings können neugierige Laien und langjährige Profis gleichermaßen Neues erkunden. „Whisky ist nix gegen den Durst, aber wenn man sich mal was Schönes gönnen möchte", schwärmt Frank Jerger, „es ist für mich einfach das beste Getränk der Welt." Oder wie es der irische Dramatiker Georg Bernard Shaw ausdrückte: „Whisky ist flüssiges Sonnenlicht!"

Fahrgasse 6, 60311 Frankfurt am Main, www.whiskyforlife.de

wineBANK
Frankfurt

by

»EIN CLUB. EINE COMMUNITY. EINE LEIDENSCHAFT. WEIN!«

37 Vinophiler Treffpunkt
wineBANK Frankfurt

Gerade in Frankfurt geht der Blick meist nach oben, dabei hat die Stadt auch unterirdisch einiges zu bieten. In der hessischen Finanzmetropole sitzen bekanntlich mehr als 200 Banken. Die 2016 eröffnete „wineBANK" in der Meisengasse ist jedoch eine ganz besondere. Der edle Privatclub für Weinbegeisterte befindet sich in einem stilvollen Kellergewölbe in der Nähe der Freßgass und bietet ausreichend Platz für ausschweifende Weinverkostungen, diskrete Meetings und gute Gespräche unter Weinfreunden.

Die exklusive Weinwelt verfügt über 23 Tresore, 277 Fächer unterschiedlicher Größe und vier begehbare Keller – genug Raum, um mehr als 30.000 Flaschen Wein unter optimalen klimatischen Bedingungen (und gut gesichert!) zu lagern. Wer sich einmietet, hat zudem die Möglichkeit, verschiedene Dienstleistungen in Anspruch zu nehmen. Und er kann rund um die Uhr gemeinsam mit Freunden oder Geschäftspartnern im Tresorraum ein Fläschchen in diskretem Ambiente und stilvoller Atmosphäre leeren. Genuss ist in diesem Zusammenhang keine Frage der Uhrzeit: Jedes Mitglied kann in seiner Heimat-wineBANK eigene Weine lagern und hat mit seiner Member's Card darüber hinaus Zutritt in alle Standorte – 24 Stunden am Tag, an 365 Tagen im Jahr.

Tipp: Während der stilvolle Gewölbekeller exklusiv nur für Mitglieder zugänglich ist, kann man auch als Nicht-Weinbanker in der wineLOUNGE über dem Gewölbekeller eine große Auswahl offener Weine probieren und genießen.

Meisengasse 9, 60313 Frankfurt am Main, www.winebank.de/frankfurt

38 Der Erde den Hof machen

Dottenfelder Hof

Der „Dotti", wie der Bilderbuchbauernhof liebevoll genannt wird, blickt auf eine mehr als eintausendjährige Geschichte landwirtschaftlicher Nutzung zurück. Seit 1968 wird er biologisch-dynamisch von einer Betriebsgemeinschaft aus mehreren Familien bewirtschaftet und ist dem Demeter-Verband angeschlossen. Heute leben und arbeiten auf dem denkmalgeschützten Anwesen mehr als 100 Menschen.

Ihr Ziel ist es, die Verbraucher in das landwirtschaftliche Geschehen einzubinden. Es gibt Milchvieh und Nachzucht, Schweine, Hühner, Saatgutanbau, Gemüse-, Obst- und Kräuteranbau. Zum Hof gehören außerdem eine Landbauschule, eine Forschungsabteilung, ein Schulbauernhof, ein Backhaus mit Holzofen, eine Käserei, ein Hofladen und ein nicht nur bei Ausflüglern beliebtes Hofcafé.

Bei einem Spaziergang über das Gelände wird man, je nach Saison, Zeuge, wie der Erde der Hof gemacht wird. Wie Gemüse und Obst angebaut werden, die Böden gedüngt und für die Aussaat vorbereitet werden, wie die (Feld-)Früchte zu reifen beginnen und die Ernte eingefahren wird. Absolut empfehlenswert sind die thematischen Führungen, Veranstaltungen und Workshops mit fachkundigen Begleitern, während derer man tief in das Bauernhofleben eintaucht – Besuch in den Ställen inklusive. Und wenn die Blumensaison wieder losgeht, findet man allein im Sommer mehr als 140 verschiedene Sorten. Auch wenn man mit dem Rad kommt, freut dies die Bewohner besonders. Ein guter Grund, im Hofcafé bei den köstlichen süßen und herzhaften Gerichten mal ein bisschen über die Stränge zu schlagen, auch wenn diese etwas teurer sind als üblich. Aber Qualität und konsequent ökologische Landwirtschaft haben eben ihren Preis.

Dottenfelder Hof 1, 61118 Bad Vilbel, www.dottenfelderhof.de

39 Hochfeiner Apfelwein und mehr

Obsthof am Steinberg

Hier geht's um Obst, genauer um Äpfel. Um Apfelweine, Apfelsäfte, sortenrein, biologisch angebaut und für ziemlich gut befunden, eine Erfolgsgeschichte! Zumindest von der heutigen Warte aus betrachtet.

1993, als Andreas Schneider den Obsthof von seinen Eltern übernahm und zum Biohof umbaute, sah das noch ganz anders aus. Damals wurde er belächelt. Doch er ließ sich nicht abhalten und verfolgte seine Idee. Denn er war fest überzeugt – vom biologischen Landbau und seinem Vorhaben. Heute baut er auf 16 Hektar Bioland 250 Obstsorten an, davon 120 Apfelsorten. Äpfel und Birnen, zumeist historische Sorten aus dem 16. bis 21. Jahrhundert.

Ein Viertel der gut 8.500 Obstbäume stehen auf den Streuobstwiesen, deren Schutz sich der „Obsthof am Steinberg" verschrieben hat. Aus ihnen gewinnt Andreas Schneider seine hochfeinen, teils sortenreinen Apfelweine, Schaumweine und Brände, für die er mehrfach ausgezeichnet wurde und die längst ihren festen Platz in den Weinkarten namhafter Sterne-Restaurants haben. Mit dem sauren „Industrie-Stöffche", das in vielen Apfelweinkneipen ausgeschenkt wird, haben seine handgefertigten Schoppen bis auf die gemeinsame Bezeichnung nichts gemein. Über die Jahre hat Schneider das einstige Getränk der armen Leute salonfähig gemacht, und die Winzer, die aus Trauben ihren Wein gewinnen, nennen ihn „Kollege". Das macht ihn stolz. Apropos genießen: Das kann man hier wunderbar. Entweder man kauft im Hofladen ein oder man besucht die Schoppenwirtschaft vor Ort, etwa nach der wildromantischen Fackelwanderung durch den Apfelhain, bei einem der beliebten saisonalen Feste oder bei privaten Feiern.

Am Steinberg 24, 60437 Frankfurt am Main, www.obsthof-am-steinberg.de

40 Klettern und schlemmen
Restaurant Feldberger

Meistens ist ein Ausflugsziel ein Kompromiss und, sofern es Kinder gibt, auf die lieben Kleinen ausgerichtet. Beim „Feldberger" sieht das anders aus. Hier versteht man sich auf unvergessliche Events – schließlich wird das Restaurant von der Agentur „Taunatour" betrieben, die sich auf Veranstaltungen spezialisiert hat. Und da verwundert es nicht, dass das Feldberger nicht nur ein gemütlich-eleganter Ort der Gastlichkeit ist, sondern sich hier auch die höchste Brauerei Hessens befindet.

Gebraut werden drei Sorten Bier nach dem guten alten deutschen Reinheitsgebot in ehrlicher Handarbeit. Das schmeckt den Großen und verlockt sie zu einem Ausflug, aber auch die Kleinen brechen, wenn sie einmal hier waren, in Jubel aus, sobald sie das Ausflugsziel hören. Das liegt natürlich einerseits an den Köstlichkeiten auf der Karte – modern interpretierte Klassiker mit dem gewissen Etwas, aus besten regionalen und saisonalen Zutaten bereitet. Aber Moment, das kann es doch nicht gewesen sein?! Stimmt! Das absolute Highlight ist der Indoorhochseilgarten hoch über den Köpfen der Restaurantbesucher im Dachgiebel des Gebäudes – richtig gelesen! Während sich also die einen an den Köstlichkeiten laben, sind die anderen auf großer Abenteuertour und beweisen Geschick und Mut.

Sehr empfehlenswert ist der ganztägige Sonntagsbrunch mit Kletterangebot. Hier können ungeübte und geübte Kletterfreunde – natürlich perfekt gesichert und angeleitet durch ausgebildete Trainer – die schwindelerregenden Aktivitäten ausprobieren. Für Veranstaltungen wie Firmenevents, Kindergeburtstage, Geburtstage, Hochzeiten oder Vereinsfeiern wird ebenfalls ein besonderer Rahmen von urig-rustikal bis festlich geboten.

Königsteiner Straße 13, 61389 Schmitten, www.feldberger-restaurant.de

41 Kulturgut Riesling

Schloss Johannisberg

Die erhabene Lage des Schlosses hoch über dem Rheintal inspirierte schon Heine und Goethe zu Lobgesängen. Es gilt als eines der ältesten Riesling-Weingüter der Welt. Schließlich wird seit dem Jahre 817 auf dem Johannisberg Wein angebaut, das datiert zumindest die erste urkundlich erwähnte Weinlese. Tatsächlich war es ein Zufall, durch den man die höhere Güte einer späten Lese entdeckte, denn der Kurier mit der Erlaubnis, mit der Weinlese zu beginnen, kam zu spät. Daraus wurden die hohen Qualitätsstufen wie Auslesen, Beerenauslesen, Trockenbeerenauslesen und Eisweine entwickelt, die bis heute den Weltruhm des Rheingauer Rieslings begründen. Mitten durch den Weinberg von Schloss Johannisberg verläuft der 50. Breitengrad. Er steht für die ideale geografische Lage des Rieslings. Durch die großen Unterschiede zwischen Tag- und Nachttemperatur werden die aromatischen und geschmacklichen Komponenten der Riesling-Trauben besonders ausgebildet.

Für einen Besuch an diesem traditionsreichen Ort sollte man genügend Zeit einplanen, denn es gibt einfach viel zu erleben – sei es beim Rundgang um das Schloss mit dem unvergleichlichen Ausblick auf den Rheingau, sei es bei einer genussvollen Weinprobe im historischen Schlosskeller, bei der man spannende Details rund um das Schloss und die Rieslingkultur erfährt. Hier befindet sich übrigens auch die berühmte Schatzkammer von Schloss Johannisberg, die Bibliotheca Subterranea, in der mehr als 25.000 kostbare Weine lagern, der älteste von 1748! Oder natürlich in der Schlossschänke, in der nicht nur die edlen Tropfen ausgeschenkt werden, sondern auch die dazu passende exquisite Winzerküche zelebriert wird. Außerdem ist Schloss Johannisberg jedes Jahr auch Austragungsort zahlreicher Konzertveranstaltungen im Rahmen des Rheingau Musik Festivals, so dass hier das Thema Genuss auf vielfältige Weise zelebriert wird!

65366 Geisenheim, www.schloss-johannisberg.de

42 Adel verpflichtet

Schlosshotel Kronberg

1898 wurde der ehemalige Wohnsitz der Kaiserin Friedrich erbaut und ist seit 1954 ein Luxushotel. Oberhalb des pittoresken Taunusstädtchens Kronberg und inmitten eines wunderschönen Parks mit angeschlossenem 18-Loch-Golfplatz vergisst man in dem wirklich einzigartigen Fünf-Sterne-Superior-Hotel gerne und augenblicklich den Alltag und taucht ein in ein fast schon märchenhaftes, elegant-vornehmes Ambiente. Dabei ist man gerade einmal 15 Autominuten von der Frankfurter City entfernt. Aber hier oben ticken die Uhren anders, ganz egal, ob man ein aktives Golf-Wochenende, ein Gourmet-Wochenende mit Freunden oder ein Romantikwochenende zu zweit verbringen möchte, das Hotel bietet eine schöne Auswahl attraktiver Arrangements für die unterschiedlichsten Belange.

Doch auch wer nicht übernachten möchte, dem sei der Besuch im Schlosshotel Kronberg empfohlen, schließlich wirkt auch der kürzeste Aufenthalt hier wie ein seelenschmeichelnder Kurzurlaub. Denn beim stilvollen Picknick im Park kann man sich montags bis sonntags auf Vorbestellung wie Kaiserin Victoria fühlen und den wundervollen Park mit einem prall gefüllten Korb genießen. Dieser ist übrigens auf Wunsch auch in veganer oder vegetarischer Variante erhältlich. Ganz wunderbar sind auch die neu aufgelegten „Salonkonzerte", mit denen je nach Jahreszeit klassische Musik von Rang in die historischen Räumlichkeiten des Schlosses oder den wunderbaren Park einziehen. Unsere Empfehlung: diesen musikalischen Genuss mit einem Picknick im Park oder einem schönen Abendessen im Restaurant „Victoria" oder dem „Enrico d'Assia" beschließen. Aufgrund der großen Nachfrage wird eine Tischreservierung im Vorfeld des Besuchs empfohlen.

Hainstraße 25, 61476 Kronberg im Taunus,
www.schlosshotel-kronberg.com

43 Aus Zeiten Barbarossas

Schloss Büdingen

„Ein Stück Mittelalter, gezeigt von seiner attraktivsten Seite." Albert Einstein soll nach einem Besuch in Büdingen im Mai 1952 begeistert gewesen sein. Die kleine Stadt in der östlichen Wetterau, am Fuße des Vogelsberges, nennt eines der besterhaltenen Stadtbilder Deutschlands ihr Eigen. So erleben hier Einheimische und Gäste eine über viele Jahrhunderte gewachsene Entwicklung.

Am Rande der stimmungsvollen Altstadt Büdingens steht das Schloss mit seinem traumhaften Schlosspark. Die ehemalige Wasserburg liegt auf dem Grundriss eines dreizehnseitigen Vielecks und stammt aus der Zeit des legendären Staufen-Kaisers Barbarossa. Seit 1258 wird sie von der Fürstenfamilie zu Ysenburg und Büdingen bewohnt. Dank des 1951 eingerichteten Schlossmuseums ist ein Teil des Schlosses für die Öffentlichkeit zugänglich und kann in Führungen erkundet werden. Zu sehen gibt es eine Menge: Der romanische Palast beeindruckt u.a. mit Wand- und Deckenmalereien aus dem 16. Jahrhundert. Bilder des Kampfes zwischen Herkules und der Hydra stehen Darstellungen des Helden Samson aus der Bibel im Eingangsraum gegenüber. In der ehemaligen Hofapotheke finden Besucher eine Alchemistenküche, in der die Rezepturen gemischt wurden. Hohe Bücherwände im großen Festsaal sind mit Beständen der Schlossbibliothek bestückt. Die spätgotische Schlosskapelle zählt zu den schönsten Sakralräumen in deutschen Schlössern und hat es in sich. Ihre Wände – alles andere als gerade – und das außergewöhnliche Chorgestühl aus Eichenholz mit seiner Bilderwelt haben zwei Wormser Bildschnitzer um 1497 erstellt. Noch heute wird der stimmungsvolle Raum von der fürstlichen Familie als Hauskapelle genutzt.

Schlossplatz 1, 63654 Büdingen, www.schloss-buedingen.de

44 Park für die Toten

Frankfurter Friedhöfe

Friedhöfe sind Plätze für die Lebenden und die Toten. Und sie sind in unseren Fällen schöne, parkähnliche Anlagen, anhand derer sich nebenbei die bewegte Geschichte der Stadt widerspiegelt.

Hauptfriedhof Frankfurt

Sobald man das klassizistische Portal des Hauptfriedhofs hinter sich gelassen hat, beginnt die Stille. Der Lärm der Miquelallee weicht dem Vogelgezwitscher, das Bild asphaltierter Straßen wird von prächtigem Baumbestand abgelöst. Auf dem rund 70 Hektar großen Gelände im Norden der Stadt haben mehr als 2,5 Millionen Menschen ihre letzte Ruhe gefunden – Menschen, die Geschichten erzählen. Jeder ist bedeutend, wenn auch nicht jeder bekannt. Faszinierend sind vor allem die zahllosen Monumente und Inschriften, die alle für ihre Zeit und teils unter Denkmalschutz stehen. Ein paar Grabstätten fallen auf, ein paar sind frequentierter als andere. Auf dem 1828 angelegten Friedhof liegen auch etliche berühmte Persönlichkeiten wie etwa: Heinrich Hoffmann, Friedrich Stoltze, Arthur Schopenhauer, Liesel Christ.

Eckenheimer Landstraße 194, 60320 Frankfurt am Main

Jüdischer Friedhof Rat-Beil-Straße

Ebenfalls 1828 angelegt, wurde der alte Jüdische Friedhof Rat-Beil-Straße bis 1928 genutzt. Markant ist das weiße klassizistische Eingangsportal mit der hebräischen Inschrift. Sehenswert sind insbesondere die teils prunkvollen Grabstätten. Zu den bekannten Persönlichkeiten, die hier beigesetzt sind, zählen u.a. Mitglieder der Familie Rothschild, Nobelpreisträger Paul Ehrlich, Frauenrechtlerin Bertha Pappenheim und der Begründer der Frankfurter Zeitung (heute F.A.Z.) Leopold Sonnemann.

Rat-Beil-Straße 10, 60318 Frankfurt am Main
www.friedhof-frankfurt.de

45 Attraktives Mittelmaß

Hiesige Mittelgebirge

Frankfurt ist ein ausgezeichneter Startpunkt für Ausflüge in die hiesigen Mittelgebirge, auch Waldbaden lässt es sich hier wunderbar.

Odenwald – Bergstraße
Gemeinsam mit dem Odenwald bildet die Bergstraße den UNESCO Geopark Bergstraße-Odenwald. Das Felsenmeer ist ein Riesenspaß für die ganze Familie! Das „Kirchberghäuschen" in Bensheim ist nicht nur wegen seiner Lage und des Ausblicks ein Muss. Im Staatspark Fürstenlager steht einer der höchsten Mammutbäume Europas.

Rhön
Im Biosphärenreservat kann man herrlichst entschleunigen, etwa im „Schwarzen Moor" oder am „Point Alpha". Nicht zu vergessen die „Wasserkuppe". Ein besonderes Erlebnis: eine Nacht im „Rhönschaf-Hotel" in Ehrenberg.

Spessart
Der Spessart ist das größte zusammenhängende Waldgebiet Deutschlands. Die „Ronneburg" ein Zeugnis aus längst vergangenen Zeiten.

Taunus
Im Taunus erlebt man Natur und Geschichte: etwa die keltischen Ringwälle am Altkönig, die Römerkastelle entlang des Limes oder die Burgen und Schlösser auf den Anhöhen.

Vogelsberg
Nur 45 Minuten nordöstlich von Frankfurt entfernt liegt das größte Vulkangebiet Mitteleuropas. Das „Vulkaneum" in Schotten bietet tiefe Einblicke, den Adrenalinkick gibt's auf der „Sommerrodelbahn" am „Hoherodskopf".

46 Nicht nur Kulisse

Kloster Eberbach

Der Name der Rose, Game of Thrones und einige Produktionen mehr. Wer beim Kloster Eberbach nur an eine stimmungsvolle Filmkulisse denkt, tut dem Zisterzienserkloster bei Eltville wahrlich Unrecht, denn die nun fast 900-jährige Abtei ist schließlich ein faszinierendes Beispiel der Klosterbaukunst des europäischen Mittelalters.

Mit dem Ziel, nach der Regel ora et labora zu leben, gründeten 1136 Zisterziensermönche die Klostergemeinschaft im Kloster Eberbach. Mit Erfolg. Die Abtei entwickelte sich dank der Bewirtschaftung der Güter sowie der Fähigkeiten im Weinanbau und der Kellerwirtschaft zu einem florierenden Wirtschaftsbetrieb und einem der größten wie bedeutendsten Klöster des Landes. Nach der Säkularisierung diente es als Korrektionshaus und Landesirrenanstalt. Inzwischen ist das Kloster den Hessischen Staatsweingütern angeschlossen. Und die haben es in sich. Die Hessischen Staatsweingüter Kloster Eberbach sind das größte Weingut in Deutschland, seine Vielfalt an guten Tropfen ist über alle Grenzen hinweg bekannt, die Lagen wie „Steinberg" und „Erbacher Marcobrunn" weltberühmt. In den Gebäuden des Klosters ist eine Vinothek integriert. Die Wein-Schatzkammer des Klosters, die zurückreicht bis in das Jahr 1706, verwahrt edle Kreszenzen aus dieser Zeit.

Die Weinkeller mit den historischen Pressen und Fässern, der Speisesaal der Mönche, der geschichtsträchtige Kreuzgang mit seinen Arkadenfenstern oder die beeindruckende Basilika – im Klosterinnern warten eine Menge Einblicke. Gleiches gilt nahtlos für das Abteimuseum. Im Freien lädt der Garten zum Spazieren gehen ein. Seit 1998 finden unter der Obhut der Stiftung Kloster Eberbach Weinproben, Führungen und kulturelle Veranstaltungen statt.

65346 Eltville am Rhein, www.kloster-eberbach.de

47 Geist und Forschung

Mathildenhöhe und mehr

Wie kaum ein anderer Ort vereint Darmstadt Geist und Forschung, Kunstsinn und Innovationskraft.

Mathildenhöhe

Der anlässlich der Vermählung des Großherzogs Ernst Ludwig gebaute 48 Meter hohe Hochzeitsturm ist weit sichtbarer Teil der Künstlerkolonie Mathildenhöhe. Besagter Großherzog lud 1899 sieben junge Künstler des Jugendstils auf die Mathildenhöhe ein – die Geburtsstunde der Künstlerkolonie. Ihre Bauten bilden das Gesamtkunstwerk Mathildenhöhe. Bedeutung und Strahlkraft sind immens, deshalb hat sie auch den UNESCO-Welterbe-Titel verliehen bekommen.

Olbrichweg 15, 64287 Darmstadt, www.mathildenhoehe.eu

Hessisches Landesmuseum

Das große Hessische Landesmuseum Darmstadt vereinigt hochkarätige Sammlungen aus Kunst-, Kultur und Naturgeschichte.

Friedensplatz 1, 64283 Darmstadt, www.hlmd.de

ESA Darmstadt

Seit 1967 ist Darmstadt Sitz des European Space Operations Centre (ESOC) der Europäischen Weltraumorganisation ESA. Führungen durch das Satellitenkontrollzentrum vermitteln spannende Einblicke.

Robert-Bosch-Straße 5, 64293 Darmstadt, www.esa.int

Welterbe Grube Messel

Die Fossillagerstätte Grube Messel, 1995 als erstes deutsches Naturdenkmal in die Liste des UNESCO-Welterbes aufgenommen, gibt einen Eindruck von der Entwicklung des Lebens vor 48 Millionen Jahren. Die Themenvielfalt spiegelt sich auch im Besucherzentrum wider.

Roßdörfer Straße 108, 64409 Messel, www.grube-messel.de

48 Grüne Oase in der Stadt

Palmengarten Frankfurt

Jeder liebt den Palmengarten aus einem anderen Grund. Das ist das Geheimrezept, das letztlich auf den Gründungsvater Heinrich Siesmayer zurückgeht. Neben den Pflanzen lockten schon damals tägliche Konzerte des Palmengartenorchesters ins herrschaftliche Gesellschaftshaus, ein Landschaftsgarten lud zum Spazieren und Bootfahren ein und bald kamen Sportanlagen hinzu. Kurz, es gab immer etwas für jeden Geschmack und jedes Bedürfnis in der gepflegten Anlage. Bis heute versucht der Palmengarten auf seiner über 20 Hektar großen Fläche für alle etwas zu bieten: Es gibt ein breites Bildungsangebot und im Tropicarium bereichert eine der weltweit größten Pflanzensammlungen Frankfurt mit tropischen Landschaften von der Namibwüste bis zu den Bergregenwäldern in Asien und der Neuen Welt.

In den 150 Jahren seines Bestehens hat der einst von Bürgern für Bürger geschaffene Park im Frankfurter Stadtteil Westend eine vielfältige Entwicklung durchgemacht. So wurde er mehrfach erweitert und immer wieder modernisiert. Bis heute ist Frankfurts Traditionseinrichtung mit seinen Themengärten, Schauhäusern sowie dem rund 800 Quadratmeter großen historischen Palmenhaus, dem Tropicarium und dem jüngst eröffneten Blüten- und Schmetterlingshaus ein Gesamtkunstwerk aus Pflanzen, Leben und Kultur. Einmalig in seiner Struktur als städtische Grünfläche, Bildungseinrichtung und Veranstaltungsort (Rosen- und Lichterfest, Winterlichter etc.) für alle Sparten – und natürlich als botanischer Schaugarten mit über 13.000 Pflanzenarten –, ein Besuch im Palmenhaus wirkt für Klein und Groß zu jeder Jahreszeit wie ein kurzer Urlaub.

Siesmayerstraße 63, 60323 Frankfurt am Main, www.palmengarten.de

49 Märchenhaft

Burg Ronneburg

Bereits von Weitem kündigt sie sich durch den stolzen, 30 Meter hohen Bergfried an: die Burg Ronneburg. Zwischen Wetterau und Vogelsberg auf einem Basaltsporn gelegen können Besucher der Burganlage wahrhaft ins Mittelalter abtauchen.

Die im 13. Jahrhundert erstmals erwähnte Ronneburg diente ursprünglich dem Schutz der Handelsstraßen in der Mainebene und der Wetterau, 1476 ging sie in den Besitz des Fürstenhauses Ysenburg und Büdingen über und wurde im 16. Jahrhundert in den noch bis dato zu bestaunenden Zustand aus- und umgebaut. Heute gilt die Burg Ronneburg als eines der am besten erhaltenen Beispiele einer Höhenburg des 16. Jahrhunderts.

Haupt- und Vorburg, mächtige Mauern, überdachte Wehrgänge, Torbogen, der begehbare Bergfried mit seinem markanten Turmhelm aus der Renaissance (Welschen Haube) – allein von außen vermittelt die Anlage einen nachhaltigen Eindruck in die einstige Lebenswelt. Die Burg selbst beherbergt ein offenes Museum, in dem Gäste sämtliche Innenräume und Wohngegenstände selbst erkunden können. Führungen, die das Leben auf der Burg anschaulich erklären, werden auch angeboten. Zu den besonderen Attraktionen zählen sicher die kunstvoll ausgemalten Säle, die historische Burgküche, die Waffenkammer, verschiedene Herrenzimmer und die schaurige Folterkammer. Eine Rarität ist das Brunnenhaus mit seinem Tretrad, was half, Trinkwasser aus dem 96 Meter tiefen Brunnen zu fördern. Nicht nach unten, sondern nach oben geht der Blick in der Falknerei.

Überhaupt Vorführungen. Auf der Burg finden zahlreiche Veranstaltungen statt: Mittelalterliche Burgfestspiele mit Gauklern, Musik & Co, Ritterturniere, der historische Oster- und Weihnachtsmarkt und einige mehr machen das Mittelalter wieder lebendig.

Auf der Burg, 63549 Ronneburg, www.burg-ronneburg.de

50 Sinne entfalten

Schloss Freudenberg

In Wiesbaden-Dotzheim geht es um die Sinne Hören, Sehen und Fühlen. Das dortige *Schloss Freudenberg* hat sich ganz dem Thema „Entfaltung meiner Sinne und meines Denkens" verschrieben.

Anfang der 1990er Jahre übernahm die Wiesbadener Gesellschaft „Natur & Kunst gemeinnütziger e. V." das zum damaligen Zeitpunkt heruntergekommene Schloss samt des verwachsenen Parks im Westen der Stadt. Über die letzten Jahre ist es den Mitgliedern gelungen, den neoklassizistischen Bau und den darum liegenden Park zu einem viel beachteten und beliebten Kulturzentrum zu entwickeln.

Klein und Groß beobachten, spielen und erkunden hier ganzjährig das Botanische Theater (Paul Klee), Palmströms Geruchsorgan (Christian Morgenstern), lauschen der Windharfe und dem Insektengras, tauchen ein in Goethes Farbenlehre mit farbigen Halbschatten, Nachbildern, prismatischen Farben und dem Himmelsblau und Morgenrot.

An mehr als 100 Stationen werden den Besuchern spielerisch Naturphänomene wie Finsternis, Gleichgewicht, Klang, Licht, Resonanz und Schwerkraft nahegebracht. Die Entdeckung der Sinne ist ein Abenteuer, in Wiesbaden hat es Platz zur Entfaltung. Das Erfahrungsfeld mit seinen Stationen erstreckt sich auf das Schloss mit seinen Räumen, Galerien, Treppen, Gängen sowie auf den Garten, den Park und den umliegenden Wald. Zwei der Highlights sind die „Dunkel-Bar" und das Restaurant „Nacht-Mahl" – hier wird in völliger Finsternis gegessen und getrunken. Die Gaumenfreuden werden ausschließlich durch den Duft, den Geschmack und durch Form und Konsistenz erlebt.

Freudenbergstraße 224-226, 65201 Wiesbaden,
www.schlossfreudenberg.de

51 Mutter von Monte Carlo

François-Blanc-Spielbank Bad Homburg

„Rien ne va plus" oder „Nichts geht mehr" – wenige Worte, die einem das Herz in die Hose rutschen lassen. Kaum vom Croupier ausgesprochen, steigt die Anspannung, denn gleich entscheidet sich, ob man seinen Einsatz erfolgreich platziert hat. Doch unabhängig von Gewinnen oder Verlieren, wenn man ehrlich ist, geht es gar nicht so sehr um den materiellen Wert, sondern viel eher um die spürbare Faszination des Spielens, den Nervenkitzel und das Glücksgefühl.

Spaß und Spiel steht seit inzwischen 180 Jahren in der „François-Blanc-Spielbank Bad Homburg" im Mittelpunkt. Die illustre Geschichte der Spielbank, die Mutter des „Casino de Monte-Carlo", beginnt 1841. Am 23. Mai des Jahres rollte in Bad Homburg erstmals die Roulettekugel. Bad Homburg und die Brüder François und Louis Blanc brachten sich gegenseitig den erhofften Wohlstand. Der kleine Kurort im Taunus entwickelte sich in der Folge zu einem der führenden Spielbadeorte Europas, den Adelige, Revolutionäre, Millionäre und Dichter frei nach Voltaires Zitat „Ein ehrliches Spiel unter guten Freunden ist ein redlicher Zeitvertreib" gerne besuchten. Doch bei aller opulenter Tradition, die Spielidee allein reicht heute nicht mehr aus. Man muss mehr bieten. Und das tut die François-Blanc-Spielbank Bad Homburg im Herzen des malerischen Kurparks. Das Angebot ist vielfältig wie nie. Ausgehen und Abwechslung erleben, ohne ständig den Ort zu wechseln? Der Besuch in einer der geschichtsträchtigsten Spielbanken Europas verbindet spannende wie außergewöhnliche Momente und entführt in eine einzigartige Atmosphäre aus Tradition und Moderne. Spielen, genießen, feiern – das alles geht hier unter einem Dach.

Kisseleffstraße 35, 61348 Bad Homburg,
www.spielbank-bad-homburg.de

52 Im Spannungsfeld

Regionalpark Portal
Weilbacher Kiesgruben

Wer an Frankfurt und die Region denkt, hat noch immer viel zu oft nur die Hochhäuser, Straßen und den Verkehr vor Augen – dabei begeistert auch die eindrucksvolle Landschaft im Umkreis der Mainmetropole. Gerade hier gibt es Natur pur zu erleben: Unberührte Naturschutzgebiete, eindrucksvolle Parks und dichte Wälder werden zum Naherholungsziel für alle vom Trubel geplagten Städter und warten teilweise nur einen Steinwurf entfernt darauf, erkundet zu werden.

Um der Vielfalt des Rhein-Main-Gebietes gerecht zu werden, hat der „Regionalpark RheinMain" gemeinsam mit den Gemeinden, Kommunen und Partnern der Region über 200 Ausflugsziele realisiert, die über ein Netz von parkartig gestalteten Wegen auf 350 Kilometern miteinander verbunden sind. Das Kernstück des „Regionalpark RheinMain" bildet die Regionalpark Rundroute, die auf einer Streckenlänge von 190 Kilometern einmal rund um Frankfurt führt. Ein spannendes Ausflugsziel und ein Start- und Etappenpunkt entlang der Rundroute ist das Regionalpark Portal Weilbacher Kiesgruben. Mit dem Besucherzentrum, der Ausstellung, Spiel- sowie Klettermöglichkeiten und den Angeboten zur Umweltbildung ist es eine Anlaufstelle für alle, die sich informieren und auch entspannen möchten. Das Haus steht am Eingang zur rekultivierten Kiesgrubenlandschaft, die zum Erkunden und Erforschen einlädt. Unterschiedliche Spaziergänge bieten Einblicke in das Spannungsfeld von industrieller Nutzung und Rekultivierung, der Entstehung neuer Biotope sowie der Beobachtung seltener Tiere samt einer kleinen Herde von Wildeseln. Einen einmaligen Ausblick genießt man vom Aussichtsturm. Mit 27 Meter Plattformhöhe und einer Plexiglasscheibe für Wagemutige ein besonderes Erlebnis.

Frankfurter Straße 76, 65439 Flörsheim, www.regionalpark-rheinmain.de

53 Tierisches Zuhause
Zoo Frankfurt

Mitten in der Stadt liegt mit dem Frankfurter Zoo einer der ältesten Zoos der Welt. 1858 gegründet, beherbergt er auf elf Hektar die unterschiedlichsten Tiere des Erdballs und ist bis heute ein Magnet für Groß und Klein. Insgesamt über 400 verschiedene Arten und mehr als 4.000 Tiere sind hier im Osten der Mainmetropole zu Hause. Die meisten Arten findet man im Exotarium und im Grzimekhaus, einem der größten Nachttierhäuser der Welt. In Letzterem wird der Tag zur Nacht – es ist nach dem berühmten Direktor des Frankfurter Zoos benannt und zeigt nachtaktive Tiere wie zum Beispiel Fledermäuse, Erdferkel und Nachtaffen, ohne sie zu stören.

Weitere Besuchsmagnete sind der Borgoriwald, in dem man Gorillas, Orang-Utans, Bonobos und Co. stundenlang fasziniert gegenübersteht. In der Pinguin-Anlage, in der Humboldt-Pinguine und Robbenklippen leben, können die Besucher die kühnen Tauchmanöver durch die großen Fenster verfolgen. Nicht minder spannend ist die Brillenbären-Anlage, der Katzendschungel mit seinen Raubkatzen, die Vogelhallen und vieles mehr. Einzelne Bereiche hervorzuheben, fällt schwer, denn vom kleinsten (südamerikanische Blattschneiderameisen mit etwa 3 mm Körperlänge) bis zum größten (Giraffen-Weibchen SHUJAA mit etwa 5 Metern Höhe) Bewohner des Zoos ist jeder einen Besuch wert. Diesen Besuchern möchte der Zoo das ganze Jahr über Erholung bieten, aber auch Unterhaltung und Informationen über die Tiere sowie den Arten- und Naturschutz.

Bernhard-Grzimek-Allee 1, 60316 Frankfurt am Main,
www.zoo-frankfurt.de

54 Tor zur Welt

Besucherterrasse am Flughafen Frankfurt

New York, Rio, Tokio – nein, wir versuchen bei diesem Dreiklang nicht an das One-Hit-Wunder Trio Rio zu denken, deren Ohrwurm 1986 die Charts stürmte. Wir lassen vielmehr unsere Gedanken fliegen und fühlen uns der Ferne ganz nah. Ja, die Faszination Fernweh, Reisen und Flugzeuge hat uns gepackt. Um diese Sehnsüchte zu befriedigen, müssen wir jedoch keine weiten Wege in Kauf nehmen, denn ein Ausflug zur Besucherterrasse am Terminal 2 – der Eingang befindet sich auf dem Food Plaza des Frankfurter Flughafens – ähnelt fast einem Blick in die große weite Welt.

Das Rauschen der Triebwerke ist bereits zu hören, da taucht auch schon der Airbus in der Luft im Sichtfeld auf und sinkt sanft auf die Landebahn hinab. An diesem Luftverkehrsdrehkreuz kommt die Welt zusammen – Riesenvögel von über 200 verschiedenen Fluggesellschaften starten und landen in der Mainmetropole. Flieger docken an die Brücken an, werden be- und entladen, betankt und gereinigt. Busse, Autos und etliche andere Verkehrsmittel düsen zwischen größeren und kleineren Fliegern umher. Die komplexen Abläufe greifen wie an der Schnur gezogen ineinander. Von hier hat man eine hervorragende Sicht auf das geschäftige Treiben des Vorfelds und auf die Abläufe dieses Mikrokosmos Flughafen. Gemütlich auf den komfortablen Sitzgelegenheiten und unter schattenspendenden Pergolen platziert, entdeckt man in jedem Moment neue Dinge, schließlich gleicht der Airport einer umtriebigen Stadt in der Stadt.

Terminal 2, 60549 Frankfurt am Main, www.frankfurt-airport.com

55 Stadtrundfahrt der besonderen Art

Ebbelwei-Express

Bunte Frankfurter Motive wie Johann Wolfgang von Goethe, der Römer, der Eiserne Steg und lächelnde Bembel grüßen gut gelaunt von außen, während drinnen unter blauem Himmel mit gelben Sternen hessische Traditionsmusik aus den Lautsprechern rieselt – „Die Frau Rauscher aus der Klappergass ..." – und schon ruckelt er langsam los.

Seit 1977 fahren die Wagen des urigen „Ebbelwei-Express" durch die Gassen Frankfurts und sorgen allenthalben für strahlende Gesichter. Der farbenfrohe und leicht knarzende Oldtimer ist die gemütliche und traditionelle Art, die Stadt kennenzulernen. Die heimelige Atmosphäre in dieser historischen Straßenbahn, diese Patina mit dem alten Holzboden gepaart mit dem angenehmen Geruch, der an eine Ebbelwei-Wirtschaft erinnert, machen im Zusammenspiel mit seiner Farbenfreude jede Fahrt zu einem Erlebnis.

Ein Spaß, der ankommt. Ursprünglich sollte die Sonderlinie nur kurzzeitig verkehren. 1977 wurde sie anlässlich der bevorstehenden Abstellung der letzten zweigleisigen Straßenbahnen ins Leben gerufen. Die damaligen Stadtwerke Frankfurt beauftragten das Künstlerpaar CM und Estine Estenfelder mit der Außen- und Innengestaltung nach dem Prinzip einer fahrenden Apfelweinkneipe. Dank des enormen Erfolgs blieb die beliebte Straßenbahn bestehen. Heute passiert der legendäre Ebbelwei-Express an 23 Haltestellen zahlreiche Frankfurter Sehenswürdigkeiten und bietet während der etwa einstündigen Rundfahrt Frankfurter Spezialitäten wie Brezeln, Apfelwein und Apfelsaft. Da kommt Stimmung auf! Am Fenster zieht die Stadt langsam an einem vorbei. Ja, die Frau Rauscher ... welche Stadtrundfahrt könnte schöner sein.

www.ebbelwei-express.de

56 Auf dem Gipfel

Großer Feldberg

Hoch oben thront er. Auf einer Höhe von 881 Metern. Zugegeben, es sind nicht die Alpen oder gar die Anden, aber dank seiner markanten Silhouette, diesem unverwechselbaren Zusammenspiel aus Fernmelde- und Aussichtsturm sowie Rohrantenne, ist er bereits von Weitem zu erkennen: der Große Feldberg im Taunus. Seit dem 19. Jahrhundert steht er als Ausflugsziel bei den Menschen in der Region hoch im Kurs! Ganz gleich zu welcher Jahreszeit. Kein Wunder – der Taunus rund um den Großen Feldberg lockt das ganze Jahr über mit unberührter Natur, vielfältigen Wanderwegen, Erlebnispfaden, Sportmöglichkeiten, lauschigen Parks und Gärten.

Ein besonderer Hingucker – eigentlich müsste man Weggucker sagen, denn man schaut ja in die Ferne – ist der Aussichtsturm auf dem Großen Feldberg. Besuchern bietet er eine spektakuläre Aussicht auf die tiefen Wälder des Hochtaunus, auf Frankfurt, die malerische Mainebene bis hin zu den Bergen des Odenwaldes und des Spessarts. Durch eine Turmhöhe von ca. 40 Metern blickt man vom Plateau des höchsten Berges im Taunus von über 900 Metern hinab auf Natur- und Kulturlandschaft. Ebenso attraktiv wie die Aussichtsplattform am südlichen Teil des Gipfels ist der am nördlichen Rand gelegene Brunhildisfelsen. Von den quarzistischen Sandsteinen schweift der Blick bis ins Usinger Land.

Aber es gibt natürlich noch weitere eindrucksvolle Aussichtstürme in der Region, etwa den Aussichtsturm Pferdskopf in Schmitten im Taunus, den Herzbergturm in Bad Homburg v. d. Höhe, die Bergfriede in Königstein, Kronberg oder Falkenstein und den Wasserturm in Bad Soden.

Plateau Großer Feldberg, 61389 Schmitten

57 Ein geschenktes Wahrzeichen

Goetheturm

2021 wäre Gustav Gerst 150 Jahre alt geworden. Mit einem Festakt erinnerte die Stadt an diesen bis heute wenig bekannten Stifter, der mit seiner Familie vor den Nazis fliehen musste und dabei alles verlor. Auch wenn Sie zu den vielen Menschen gehören, denen der Name auf Anhieb nicht sehr viel sagt, das Wahrzeichen, was der Kaufmann der Stadt und seinen Bürgern schenkte, ist nahezu jedem Bewohner der Mainmetropole bekannt: der Goetheturm.

Knapp 200 Stufen muss man erklimmen, bis man den höchsten Punkt des ungefähr 43 Meter hohen hölzernen Aussichtsturms am nördlichen Rand des Stadtwaldes in Sachsenhausen erreicht. Wer die Mühen des Aufstiegs auf sich genommen hat, wird belohnt, denn die Sicht auf die Stadt ist einmalig und ja, man kann es schon sagen, atemberaubend. Unmittelbar vor einem blickt man auf die Wipfel der zahlreichen Bäume, zwischendrin lugen die roten und grauen Dächer der Häuser empor, bis das Auge weiterwandert und sich die imposante Skyline samt Taunushintergrund, selbstbewusst und in ganzer Breite, präsentiert. Ja, es ist schon schön hier.

Kein Wunder, dass es die Frankfurter mitten ins Herz traf, als das geliebte Wahrzeichen im Oktober 2017 einer Brandstiftung zum Opfer fiel. Doch einmal mehr zeigte sich das in der Stadt so fest verankerte Bürgerengagement und schnell stand fest: Wir bauen den Turm wieder auf! Leicht modifiziert, aber möglichst originalgetreu. Als Schutz vor Feuchtigkeit haben zahlreiche Stahlelemente den Weg in den Neubau gefunden. Und im Gegensatz zum Vorgänger besteht der heutige Goetheturm aus Edelkastanie und Eiche. Der Anziehung des Frankfurter Wahrzeichens tut dies keinen Abbruch. Im Gegenteil: Es strahlt in neuem Glanz.

Sachsenhäuser Landwehrweg 1, 60599 Frankfurt am Main

58 Automobile Legenden
Klassikstadt

„Der Werdegang eines Fahrzeugs, seine Eigenschaften, sein Charakter – das alles ist unter dem Strich weit mehr als ein Produkt auf Rädern", sagte der Italiener Giorgetto Giugiaro. Wer die Orber Straße 4a in Frankfurt besucht, kann dem Industriedesigner nur leidenschaftlich zustimmen. In dem denkmalgeschützten Fabrikgebäude aus dem Jahre 1910 öffnet die „Klassikstadt" Türen zu einer Welt automobiler Emotionen und Kostbarkeiten. „Die Menschen kommen hierher und machen kostenlos eine kleine Zeitreise. Hier werden Erinnerungen geweckt", so Titus Schneider, Geschäftsführer der Klassikstadt. Auf dem 16.000 Quadratmeter großen Areal gibt es über 350 Fahrzeuge aus unterschiedlichen Epochen zu erleben, alte und neuere Träume aus Blech und Chrom. Neben Maserati, Bugatti, Lamborghini, McLaren und Lotus sind in dem historischen Backsteinbau viele legendäre Marken mit hochwertigen, seltenen und schönen Fahrzeugen vertreten, die nicht nur Automobilenthusiasten in Wallung bringen.

Über 40 Firmen mit Bezug zu klassischen Automobilen, Sport- und Rennwagen sorgen für ein umfassendes Angebot an Werkstätten, Dienstleistern, Fahrzeughändlern und Einkaufsmöglichkeiten. So können Besucher in gläsernen Werkstätten über die Schulter des Fachmanns schauen. „Hier ist alles authentisch. Wir sind kein starres Museum, bei uns stehen auch nicht immer die gleichen Autos, es gibt was zu entdecken, hier ist ständig Bewegung drin", unterstreicht Titus Schneider. Ein besonderes Highlight ist die gläserne Boxengasse im 2. Stock. Dort gewähren private Sammler spannende Einblicke in ihre imposanten Sammlungen mit historischen Schmuckstücken, seltenen Sportwagen und automobilen Legenden.

Orber Str. 4a, 60386 Frankfurt am Main, www.klassikstadt.de

59 Tor zum Rheingau
Lohrberg Frankfurt

Ja, man kann schon mit Fug und Recht behaupten: Der 185 Meter hohe Lohrberg ist der Hausberg von Frankfurt. Die Beliebtheit bei Groß und Klein kommt nicht von ungefähr, wartet das Ausflugsziel doch mit zahlreichen Highlights und ein paar echten Besonderheiten auf. Per Rad, mit dem Bus, dem Auto oder zu Fuß angekommen, flaniert man an den zahlreichen gepflegten Kleingärtneranlagen vorbei und steht mitten im achtzehn Hektar großen denkmalgeschützten Lohrpark. Zugegeben, Sie werden vermutlich zunächst keinen intensiven Blick für den Park, seine Wiesen und mächtigen Bäume haben, denn ihre Augen widmen sich unweigerlich der grandiosen Aussicht auf die Stadt. Auf der einen Seite öffnen sich Perspektiven auf die Hochhäuser, in der anderen Richtung wandert die Aufmerksamkeit gen Frankfurter Osten, Offenbach und Hanau. Der ungestörte Panoramablick ist ein Genuss! Ganz gleich zu welcher Tageszeit, denn auch die funkelnde Großstadt bei Nacht hat ihren Reiz.

Zahlreiche Bänke und die großen Wiesen laden zum Verweilen ein. Wege zum Spazieren gibt es hier genug. Dabei sollten Besucher unbedingt einen Abstecher zum „MainÄppelHaus" machen, das der gleichnamige Verein seit 2005 auf dem Lohrberg betreibt – ein modernes Streuobstzentrum, das Vorträge, Führungen, Beratungen und Veranstaltungen für die ganze Familie anbietet. Frankfurt ist untrennbar mit seinem Ebbelwei verbunden und dennoch gehört die Mainmetropole zu den wenigen deutschen Großstädten, die über einen eigenen Weinberg innerhalb ihres Stadtgebietes verfügen. Der Hang am Lohrberg ist die östlichste Lage des berühmten Anbaugebiets Rheingau. Jahr für Jahr werden aus den hier geernteten Riesling-Trauben Tausende Flaschen des Lohrberger Hang Riesling abgefüllt.

60 Die Stadt zu Füßen
Main Tower mit Aussichtsplattform

Oha, Besuch von außerhalb hat sich angekündigt. Eine Selbstverständlichkeit, dass man als begeisterter Frankfurter versucht, auch seinen Mitmenschen und Besuchern die Attraktivität der Mainmetropole auf dem Silbertablett zu servieren. Also weshalb nicht einfach die Stadt zu Füßen legen. Hoch hinaus ist nicht in allen Fragen immer die richtige Lösung, in diesem Fall aber doch eine sehr gute. Zumal in einer Stadt, deren Silhouette so sehr von ihren Hochhäusern geprägt ist.

Ein markanter Bestandteil dieser Skyline ist der „Main Tower" der Helaba. Der im Jahr 2000 eröffnete 200 Meter-Bau (mit Mast sogar 240 Meter) hat sicher eine Menge toller Eigenschaften. Aus Besuchersicht besteht sein Highlight jedoch vor allem darin, dass er als einziges Hochhaus Frankfurts über eine öffentlich zugängliche Besucher-Aussichtsplattform verfügt. Und zwar ganz oben. Über das Foyer an der Neuen Mainzer Straße 52-58 gelangt man, nachdem man dort das Ticket zum Glück erworben und den Sicherheitscheck absolviert hat, zu dem Fahrstuhl, der einen hinaufbefördert – etwa in 45 Sekunden ist man an die Spitze gelangt. Wenn es doch in allen Lebenslagen so einfach wäre.

Oben angelangt, fehlen nur noch wenige Treppen bis zur Begeisterung. Wem die Knie etwas wanken, der kann zunächst auf der Bank in der Mitte Platz nehmen oder direkt an den gut gesicherten Rand treten, um sich in aller Ruhe einen ersten Eindruck zu verschaffen. EZB, Dom, Paulskirche, Commerzbank-Tower, Hauptbahnhof, die Zeil, der Main – die Liste ließe sich endlos verlängern. Vom Main Tower sieht man schlicht alles – von Straßen direkt vor der Türe über weiter entfernte Stadtteile bis hin in den Taunus und den Odenwald. Der Blick hinunter gleicht einem Wimmelbild, ständig gibt es Neues zu entdecken. Beeindruckend!

Neue Mainzer Str. 52-58, 60311 Frankfurt am Main, www.maintower.de

61 Mittendrin und doch darüber

Neue Altstadt – klingt paradox. Und doch findet man in Frankfurt zwischen Dom und Römer genau diesen scheinbaren Widerspruch. Auf einer Fläche von 7.000 Quadratmetern entstand ein neues Stadtquartier: 35 Altstadthäuser, die der Innenstadt ihr historisches Gesicht zurückgeben.

Domturm

Zugegeben, man kommt schon etwas aus der Puste, wenn man die 328 Steinstufen der engen Wendeltreppe hochläuft. Aber hat man den Aufstieg zum 66 Meter hoch gelegenen Umgang erfolgreich gemeistert, wird man mit einem sagenhaften Blick belohnt.

Domturm, Weckmarkt, 60311 Frankfurt am Main

Goldene Waage

Sie ist das Prunkstück der Neuen Altstadt und einer der 15 originalgetreu nachgebauten Häuser. Ursprünglich erbaut hatten es der Gewürzhändler und Zuckerbäcker Abraham van Hamel und seine Frau Anna van Litt von 1618 bis 1621 als Wohn- und Geschäftshaus. Versteckt befindet sich damals wie heute ein gemütlicher Dachgarten auf der Goldenen Waage, ein sogenanntes Belvederchen, von dem man einen spektakulären Blick auf die Altstadt und die Skyline hat.

Goldene Waage mit Belvederchen, Markt 5, 60311 Frankfurt am Main

Haus am Dom

Gegenüber der Goldenen Waage liegt mit dem Haus am Dom eine Plattform zwischen Kirche und Gesellschaft sowie eine Drehscheibe des städtischen und gesellschaftlichen Diskurses. Außergewöhnliche Aussichten bietet die Dachterrasse des Hauses, auf der regelmäßig Veranstaltungen stattfinden wie etwa sommerliche Kinoabende. Aber Obacht, Ablenkung ist garantiert, der Blick über die Innenstadt ist beeindruckend und bietet eine grandiose Kulisse.

Haus am Dom, Domplatz 3, 60311 Frankfurt am Main

62 Schräg unterwegs

Nerobergbahn Wiesbaden

Der Weg in die hessische Landeshauptstadt lohnt. Wer durch Wiesbaden bummelt, trifft auf Inspirierendes, Beeindruckendes und nicht selten Einmaliges. Ihr im wahrsten Sinne schrägstes Wahrzeichen ist die Nerobergbahn. Sicher, der schönste Aussichtspunkt der Stadt, der Neroberg, lässt sich auch zu Fuß oder mit dem Drahtesel erklimmen, doch die entspannteste und außergewöhnlichste Variante ist die Fahrt mit der zweitältesten mit Wasserballast betriebenen Drahtseil-Zahnstangenbahn Europas.

Wie zu Kaiser Wilhelms Zeiten rumpeln die beiden in Blau-Gelb gehaltenen Bergbahnwagen – die Farben der Stadt – mit etwas mehr als 7 km/h von der Talstation über das Viadukt bis hinauf zur auf 241 Metern gelegenen Bergstation in Richtung Gipfel des Wiesbadener Hausbergs. 3,5 Minuten entspanntes Vergnügen, was sich seit Betriebsbeginn 1888 nicht verändert hat. Auch die Technik der denkmalgeschützten Bahn ist gleichgeblieben und zeitlos verlässlich: Der hinab fahrende Wagen wird an der Bergstation mit bis zu 7.000 Liter Wasser befüllt und zieht an einem 452 Meter langen Stahlseil den anderen Wagen bergauf. Kommt der talwärts fahrende Wagen unten an, wird das Wasser abgelassen und mit einem elektronischen Pumpsystem wieder bergauf befördert, um den zweiten Wagen zu befüllen. Bis zu 300.000 Fahrgäste jährlich freuen sich über dieses besondere Fahrvergnügen und genießen hinterher den Blick über die Landeshauptstadt.

Wilhelminenstraße 51, 65193 Wiesbaden, www.nerobergbahn.de

63 Zu Füßen der EZB
Hafenpark am Main

Kaum ein anderer Stadtteil hat sich in den letzten Jahrzehnten so verändert wie das Ostend. Der Osten der Mainmetropole ist vielfältig und einzigartig. Markant und verheißungsvoll. Bunt und bodenständig. Traditionell und innovativ. Dieses besondere Zusammenspiel hat die Gegend in ein lebens- und liebenswertes Quartier verwandelt. Weithin sichtbares Zeichen für die Entwicklung des Viertels ist der 185 Meter hohe und spektakulär verdrehte Doppel-Büroturm der Europäischen Zentralbank (EZB), der sich auf dem ehemaligen Areal der Großmarkthalle befindet.

Vieles ist in Bewegung. Dennoch kaum vorstellbar, dass sich hier zwischen Honsell- und Deutschherrnbrücke vor noch nicht allzu langer Zeit eine große Brachfläche der Hafenbetriebe befunden hat. Praktisch zu Füßen der EZB erstreckt sich an der Mainuferpromenade heute der 2015 eingeweihte Hafenpark. Ein rund vier Hektar großer Ort zum Picknicken, Sporteln, Erholen und Abhängen. Ein Sportband mit etlichen unterschiedlichen Erlebnisstationen zieht sich durch die beliebte Anlage, die auch zahlreiche Wiesenabschnitte bereithält. Alt und Jung finden hier u.a. Bolz- und Basketballplätze, Kletter- und Klimmparcourse, bodengleiche Trampoline, Fitnessanlagen, große Himmelsschaukeln und den Concrete Jungle, die größte Skater- und BMX-Anlage Deutschlands.

Der Hafenpark ist schlicht eine Attraktion. Und mehr als das. Denn gemeinsam mit der Weseler sowie der Ruhrorter Werft ist er Teil einer herrlichen Mainuferpromenade. Denkmalgeschützte Verladekräne, ein alter Bananenwaggon, die Gleise der Hafenbahn und Platanenhaine prägen das Bild entlang des Flussabschnitts. Ja, am Main will man sein.

Mayfarthstraße 1, 60314 Frankfurt am Main

64 Abenteuer in den Wipfeln
Sportpark Kelkheim

Seilschaften. Das Wort ist irgendwie negativ konnotiert. Wie bei vielem hängt es jedoch vom Kontext ab. Denn Seilschaften können auch absichern und Schutz geben. In luftiger Höhe beispielsweise werden Körper und Geist mitunter auf eine harte Probe gestellt. Gesichert an entsprechenden Seilen wird es jedoch zum Tanz zwischen Spaß und willkommener Selbstüberwindung. Seine Grenzen unter freiem Himmel ausloten? Dinge aus einer anderen Perspektive erleben? Abenteuer und Nervenkitzel erfahren? Klingt gut? Helm auf, Klettergurt und Karabinerhaken an, bei der Sicherheitseinführung genau aufgepasst und los geht's! Wo das möglich ist? Der „Sportpark Kelkheim" bietet mit seinem Waldseilgarten sowie einer Kletter- und Boulderhalle genau dieses mitunter schwindelerregende Erlebnis – ein wahres Paradies für Kletterenthusiasten und diejenigen, die es werden wollen.

Im malerischen Kelkheim lässt es sich wunderbar in Naturbäumen unter freiem Himmel klettern und die Geschicklichkeit testen. Über 150 verschiedene Stationen in unterschiedlichen Höhen warten darauf, bewältigt zu werden. Ein Highlight ist die riesige Seilrutsche mit über 100 Metern Länge. Doch auch wenn das Wetter nicht mitspielt, können sich Besucher mit Hindernissen und Höhe messen. Die Kletter- und Boulderhalle bietet witterungsunabhängiges Vergnügen und wartet darauf, von Anfängern wie geübten Kletterern bezwungen zu werden. Mit mehr als 1.000 Quadratmetern gehört sie ganz nebenbei zu einer der größten Indoor-Kletterhallen in Hessen. Auch die Boulderhalle lässt mit rund 600 Quadratmetern genug Raum für Herausforderungen an abwechslungsreichen Wänden.

Mainblick 51a, 65779 Kelkheim, www.sportpark-kelkheim.de

65 Retro-Spielspaß

Flipper- und Arcademuseum Seligenstadt

Bunte Lichter blinken im Kasten unter der Glasscheibe, das Rappeln des eckigen Automaten wechselt mit dem Klackern der beiden seitlich angeordneten Hebel, und mit Argusaugen wird die kleine silberne Stahlkugel verfolgt – immer in der Hoffnung auf das nächste Freispiel und einen neuen Highscore. Flipperautomaten gehörten jahrzehntelang zur Standardausrüstung jeder Eckkneipe und Gaststätte. Die goldenen Zeiten der Geräte sind jedoch inzwischen vorüber. Ihre Anziehungskraft haben sie dennoch nicht verloren. Das „Flipper- und Arcademuseum" in Seligenstadt hat sich dieser fast verschwundenen Spielkultur leidenschaftlich verschrieben.

Auf zwei Etagen können sich Besucher auf rund 250 spielbereite Exemplare aus allen Epochen freuen – spielfähige Flipper aus den 1950ern bis in die Gegenwart, anhand derer sich auch die Entwicklung der mechanischen Apparate nachvollziehen lässt.

Nicht minder kultig sind die Arcade-Automaten. Junge Menschen können sich dies mitunter nicht vorstellen, aber Xbox, PlayStation, Switch & Co – ja, all diese Spielekonsolen hatten ihre Vorläufer. Die mannshohen Arcade-Automaten sorgen noch heute für puren Spielspaß, trotz einfachem Sound und fast antiquierter Grafik. Im an Höhepunkten nicht armen Flipper- und Arcademuseum gibt es jedoch noch ausgefallenere Raritäten. Hierzu zählt sicher das „Poly Play", der einzige Videospielautomat, der jemals in der DDR entwickelt und produziert wurde. Seine Auflage ist überschaubar, mehr als 2.000 Geräte sind nicht gefertigt worden – eines steht in Seligenstadt.

Wilhelm-Leuschner-Straße 6, 63500 Seligenstadt,
www.flipperundarcade.de

66 In Bewegung
Sport in Frankfurt

Frankfurt ist mittendrin, zumal als Sportstadt. In der Mainmetropole lässt sich was bewegen. Neben den bekannten Dienstags-Skatern oder dem Montags-Lauftreff gibt es unzählige weitere Angebote. Die Vielfalt, die der Sport hier bietet, beeindruckt: Allein rund 420 Turn- und Sportvereine präsentieren ihren etwa 235.000 Mitgliedern ein Breitensportangebot, bei dem wirklich keiner passiv bleiben muss – unter dem Dach des „Sportkreises Frankfurt e. V.", der als Organisation dem Landessportbund Hessen angeschlossen ist.

Die Stadt am Main bietet zusätzlich einer wachsenden Zahl an nicht organisierten Freizeitsportlern wie etwa Läufern, Skatern oder Radlern am Main, den Wanderern im Stadtwald und den Schwimmern in den Bädern oder den Ruderern auf dem Main ausreichend Raum. Möglich wird dies durch eine Sportinfrastruktur, die ein breites Sportangebot ermöglicht. Doch die jüngere Vergangenheit hat es noch einmal deutlich gezeigt: Vor allem das Sportangebot unter freiem Himmel erfreut sich wieder großer Beliebtheit. Fest installierte Outdoor-Fitness-Plätze bieten, unabhängig von Gruppenzwang oder Vereinszugehörigkeit, ein vielfältiges Training. Beispielsweise im Riedberg-Calisthenics-Park, im Grüneburgpark, Hafenpark, Huthpark oder im Niddapark finden sich kostenfreie Outdoor-Sportanlagen, die helfen, etwas für die Fitness zu tun und beweglich zu bleiben.

Doch auch wer lieber zuschaut, ist in Frankfurt gut unterwegs. Reitturnier, Frauen- und Männerfußball in den höchsten Spielklassen ebenso wie Basketball, Volleyball oder Eishockey, Football, Profi-Radsport, Triathlon-EM, Stadtmarathon und vieles mehr – in Sachen Sport ist die Mainmetropole eine klangvolle Adresse.

67 Rhythmus im Blut

Tanzen in Frankfurt

Swing, Salsa, Cha-Cha-Cha, Tango oder Lindy Hop – Tanzen ist für viele ein Lebensgefühl. Und zwar eins, was in seinen verschiedenen Rhythmen und Schrittfolgen immer mehr Anhänger findet. Tanzen verbindet. Auch im Rhein-Main-Gebiet ist das schön zu beobachten. Ob in Tanzschulen oder bei Open-Air-Tanzveranstaltungen – die gemeinsame Bewegung zur Musik ist unterhaltsam, macht lebendig und glücklich. Eine Begeisterung, die einen nicht mehr loslässt.

Die tänzerische Vielfalt der Region und das Erleben und (Wieder-)Entdecken von Bewegung steht im Fokus eines ganz besonderen Events, was in dieser Art und Weise bundesweit einmalig ist: der „Tanztag Rhein-Main". Einmal im Jahr bringt er die Region zum Hüften schwingen. Vom klassischen Ballett oder zeitgenössischen Tanz über historische Tänze und Flamenco bis hin zu Hip-Hop und Swing – an diesem Tag finden in der ganzen Region Schnupperkurse in allen erdenklichen Tanzstilen statt. Initiiert und organisiert wird der Tanztag Rhein-Main von der Tanzplattform Rhein-Main, die Kurse werden von verschiedenen Tanzschulen, Institutionen und Tanzlehrern aus der Region angeboten. Eine wunderbare Möglichkeit, in das breite Angebot einzutauchen. Auch für selbsternannte Tanzmuffel, denn diese gibt es wissenschaftlich in Wirklichkeit gar nicht. Ein Forscherteam unter der Leitung des ungarischen Psychologen István Winkler hat 2009 nämlich gezeigt, dass alle Menschen mit einem rhythmisch-musikalischen Sinn geboren werden. Das heißt, der Wunsch, sich im Rhythmus der Musik zu bewegen, ist uns allen angeboren. Also, darf ich bitten …

68 Verstecktes Biotop
Licht- und Luftbad

Das „LiLu", ein Idyll im städtischen Raum, ein Biotop, das seinesgleichen sucht. Ein Ort zum Durchatmen. Hier, am nördlichen Rand Niederrads auf einer schmalen Landzunge gelegen, kann man lesen, sich sonnen, verweilen, entspannen. Das tun die Frankfurter schon seit 1900, denn damals befand sich hier, auf der Halbinsel im Main, ein Flussschwimmbad mit Garderobenhalle, Umkleidekabinen, Kiosken, Spiel- und Turnplatz sowie drei im Main abgetrennten Schwimmbecken. Während der Zeit des Nationalsozialismus befand sich hier bis 1938 das einzige öffentliche Bad der Stadt, das jüdischen Frauen, Kindern und Männern noch zugänglich war, 1939 wurde es von der SA übernommen. Nach Kriegsende wurde das LiLu von den in Frankfurt stationierten US-Besatzungstruppen als Freizeit- und Erholungsgelände genutzt; anschließend übernahm das „Sport- und Badeamt" der Stadt Frankfurt die Verwaltung.

Seinen neuen Namen erhielt das LiLu Mitte der 1950er Jahre - damals war der Main dermaßen verschmutzt, dass das Schwimmen verboten war. Heute ist die Wasserqualität wieder gut, dennoch gibt es kein einziges Flussschwimmbad mehr am Main, obwohl es in schöner Regelmäßigkeit immer wieder Bestrebungen gibt, ein solches zu errichten, etwa nach dem Vorbild des „Berliner Badeschiffs". Doch bis es so weit ist, kommen die Frankfurter eben in ihr geliebtes LiLu. Übrigens muss niemand Sorge haben, hier Hunger leiden zu müssen, denn im preisgekrönten „Ponton Lilu Café" werden regionale und lokale Snacks serviert, sodass auch der leibliche Genuss nicht zu kurz kommt. Das verwunschen-zugewachsene Schiff „MS Heimliche Liebe", das am Übergang zum LiLu liegt, ist übrigens eine private Initiative, deren Ziel es ist, das Biotop im Alten Schleusenbecken zu erhalten.

Niederräder Ufer 10, 60528 Frankfurt am Main, www.lilu-frankfurt.de

69 Die etwas andere Strandbar

Orange Beach

Wer einen dieser schicken Beachclubs erwartet, in dem es vornehmlich ums Sehen und Gesehen werden geht, der wird vom „Orange Beach" enttäuscht sein, denn Schickimicki ist hier rein gar nichts. Mit viel gutem Willen die heißgeliebten Strandkörbe vielleicht, aber die stehen auch schon immer da und nicht erst seit sie von Interior-Design-Zeitschriften zum Favorite-Garten-Must-Have der Sommersaison ausgerufen wurden.

Lieben werden all diejenigen diesen ganz besonderen Ort unter der Niederräder Eisenbahnbrücke in Griesheim, die ein Herz für Industrieromantik und nichts gegen ein bisschen Sand zwischen den Zehen einzuwenden haben. An diesem etwas anderen Kiosk trifft man sich, wenn man es unaufgeregt und lässig mag, günstige Getränkepreise zu schätzen weiß, gerne locker ins Gespräch kommt, Grillwürstchen und Frikadellen liebt und auch nachmittags schon manchmal Live-Musik. Alles kann, nichts muss. Ach, was ist das doch für ein schönes Wasserhäuschen – im Wortsinn –, denn der Orange Beach liegt direkt am Main. Und so machen nicht nur Fahrradfahrer auf dem Weg von der Arbeit oder vom Ausflug hier halt, sondern auch Kajakfahrer und Fußgänger, um am zweitschönsten Platz unter der Sonne, so beschreibt sich der Orange Beach selbst, zu verweilen. Wie man den Weg hierher findet? Vom Hauptbahnhof aus zum Westhafentower, dann rechts und immer am Mainufer entlang – so lautet die Wegbeschreibung zu der vielleicht coolsten Trinkhalle der Stadt. Also: ab aufs Rad und nichts wie hin!

Gutleutstraße 391, 60327 Frankfurt am Main,
www.orangebeach-frankfurt.de

70 Schiff, ahoi!
Primus-Linie und Mainfähre Höchst

Auch wenn es auf dem Main in Frankfurt leider keine Wassertaxis gibt, so hat man dennoch die Möglichkeit, per aquam an die andere Seite des Flusses zu kommen. Wo das möglich ist? Natürlich in Höchst, unterhalb des Schlosses, mit der einzigen Fähre der Stadt, der „Walter-Kolb". Seit 1623 fährt sie täglich (außer mittwochs und nicht in der Zeit vom 20.12. bis 18.1.!) die Passagiere mit und ohne Fahrrad von Höchst nach Schwanheim und wieder zurück. Der stolze Fährmann heißt übrigens seit 2015 Sven Junghans und ist in siebter Generation Schiffer. Tatsächlich setzt er aber nicht nur von einem zum anderen Ufer über, sondern bietet von Juni bis Oktober diverse Thementouren an – etwa dienstags und sonntags die sogenannte „Skyline-Tour" von der Griesheimer Schleuse durch das gesamte Stadtgebiet bis zum Osthafen, oder auch im Dezember die „Weihnachtsmarkttour" mit der beheizten Fähre durch die winterliche Landschaft. Aber Achtung: Die Thementouren müssen vorab reserviert werden, für die normalen Fahrten braucht man das nicht.

Apropos Stolz und Tradition: Zwar reicht die Historie des anderen Frankfurter Schifffahrtunternehmens nicht ganz so weit zurück wie die der Walter Kolb, dafür ist es das größte und modernste in Hessen! Mit den schmucken weißen Schiffen der „Primus-Linie", die direkt am Eisernen Steg ihren Liegeplatz haben, ist jeder Frankfurter mindestens einmal gefahren – von den Touristen ganz zu schweigen. Ob „Afterwork-Shipping", „Märchenhaftes Familienfrühstück", „Riversight-Dinner" oder bei einer der tollen Event-Fahrten, Langeweile kommt auf den Schiffen der Primus-Linie ganz sicher keine auf!

www.mainfaehrefrankfurt.de und www.primus-linie.de

71 Alles im Fluss!
Stand-up-Paddling (SUP)

Wassersport wird in Frankfurt seit jeher großgeschrieben – auch das vielzitierte Frankfurt am Meer erinnert immer wieder an diese Sehnsucht. Und so verwundert es nicht, dass man auf dem Main nicht nur Segelboote, Kanuten, Ruderer und allerhand motorisierte Wassergefährte sieht, sondern auch immer mehr Stand-up-Paddler. Bei der vergleichsweise jungen Trendsportart, kurz SUP, steht man auf einer Art Surfbrett und bewegt sich mithilfe eines Paddels vorwärts. Das ist einerseits ein super Ganzkörpertraining, das Ausdauer, Balance, Kraft und Koordination schult – doch auch für das seelische Gleichgewicht wird einiges getan. Denn wenn man bei einem solchen Spaziergang über den Main seine Stadt auf gänzlich neue Art erlebt, wird einem sogleich ganz leicht ums Herz. Und wenn dann noch die Sonne scheint, ist man ohnehin alle Sorgen los. Aber auch bei kühlen Temperaturen lässt sich die Trendsportart ausüben, dann eben im Neoprenanzug. Übrigens braucht man keinerlei Vorkenntnisse, um sich aufs Brett zu stellen, nur ein bisschen Mut und keine Angst vor Wasser. Und dann kann es auch schon losgehen. Ausprobieren kann man das Ganze etwa bei „Main SUP" im Rudererdorf unweit der Gerbermühle oder beim „SUP-Verein", der seinen Treffpunkt auf der Maininsel an der Sachsenhäuser Uferpromenade hat.

Die beiden Veranstalter bieten neben Schnupperkursen auch eine Vielzahl anderer Kurse und Events an, etwa Yoga auf dem Board, darüber hinaus sind auch (Kinder-)Geburtstage, Junggesellenabschiede oder Teamevents buchbar.

Main SUP, Mainwasenweg 34, 60599 Frankfurt am Main, www.main-sup.de oder SUP-Verein, www.sup-verein.de

72 Weg zur individuellen Schönheit

Bellari Frankfurt

Jünger, frischer und dabei natürlich aussehen, und zwar in jedem Alter – wer möchte das nicht. Zumal Ästhetik in unserer visuellen Welt eine immer größere Rolle spielt. Natürlich schön ganz ohne OP – geht nicht? Doch! Denn die moderne Medizin liefert inzwischen immer mehr Möglichkeiten, durch minimal-invasive Behandlungen – also ganz ohne Operationen – ästhetische Korrekturen vorzunehmen. In den einladenden, hellen und gleichzeitig diskreten Räumen in unmittelbarer Nähe der Alten Oper werden diese im Bereich der Gesichtsverjüngung und des sanften Körperstylings angeboten. Mit „Bellari" in Frankfurt hat das Ärzte-Ehepaar Dr. Sonja und Dr. Gerhard Sattler vor wenigen Jahren einen exklusiven Wohlfühlraum für professionelle Kosmetik sowie hochwertige und seriöse minimal-invasive Ästhetische Medizin geschaffen. Die Idee der beiden entstand dabei durch die gesammelten Erfahrungen mit der von ihnen vor mehr als zwei Jahrzehnten gegründeten Rosenpark Klinik Darmstadt, einer international führenden Fachklinik für Ästhetische Medizin und Plastische Chirurgie, und aus den Wünschen ihrer Patienten. Die Intention war und ist es, die Qualität der renommierten Rosenpark Klinik in die Stadtmitte zu bringen, um den Patienten in der Mainmetropole zu einem sichtbar verjüngten Erscheinungsbild zu verhelfen und sie professionell und individuell auf ihrem Weg zu natürlicher Schönheit, die genau dem jeweiligen Typ entspricht, zu begleiten.

Hochstraße 52, 60313 Frankfurt am Main, www.bellari.de

73 Ein Traum aus Schaum

Hamam im The Spa im Steigenberger Frankfurter Hof

Erholung in einem Traum aus 1001 Nacht inmitten der Innenstadt. Auf 1.000 Quadratmetern bietet der Frankfurter Hof mit „The Spa" eine exklusive Kombination aus Wellness, Schönheits- und Pflegebehandlungen für einmalige Verwöhnmomente. Ein Glanzstück ist der Hamam. Traumhafte Düfte, wohliges Licht und eine angenehme Stimmung – der dunkle Raum mit goldenen und schwarzen Mosaiken sorgt schon zu Beginn für eine orientalische Atmosphäre. Das türkische Bad basiert auf uralten Traditionen und rituellen Reinigungszeremonien des Körpers und des Geistes. Während der Hamam im Orient bis heute ein öffentliches Badehaus bezeichnet, bietet „The Spa" Einzelpersonen oder Paaren ihren ganz privaten Hamam in der Mainmetropole.

Der persönliche Zeremonienmeister – Tellak genannt – nimmt die Gäste in Empfang und betreut sie während des gesamten Rituals in einem privaten Nebenraum. Doch bevor es losgeht, steht zunächst eine warme Dusche und ein privater Saunagang auf dem Programm. Nachdem die Muskulatur für die anstehende Zeremonie aufgewärmt ist, nehmen die Gäste im privaten Hamam auf dem geheizten Naturstein Platz, wo sie der Tellak in eine duftende Welt aus Seifenschaum und Wärme hüllt. Abwechselnd werden die Gäste nun mit schaumigem warmen und kalten Wasser übergossen. Gleichzeitig entspannt eine ausgesprochen wohltuende Massage, bei der der Zeremonienmeister die Muskulatur lockert. Mit einem Handschuh aus Wildseide schrubbt er sie anschließend gründlich ab, sodass die Haut von abgestorbenen Hautschuppen und Schmutz befreit wird und sich wunderbar sanft anfühlt. Nun ab in den Bademantel und bei einem Glas türkischen Tee das behagliche Gefühl der Entspannung auf sich wirken lassen.

Am Kaiserplatz, 60311 Frankfurt am Main, https://thespa.steigenberger.com

74 Königlich entspannen
Kur-Royal Day Spa Bad Homburg

„Mit allem Komfort der Neuzeit ausgestattet", schrieb die internationale Presse anerkennend, als das „Neue Badehaus" 1890 eingeweiht worden ist. Wahrhaft, ein Gebäude mit starker Anziehung. Illustre Persönlichkeiten wie etwa der König von Großbritannien Eduard VII. und Otto von Bismarck waren im Fürstenbad, so wurde es ursprünglich genannt, zu Besuch und wussten seine Vorzüge zu schätzen. Auch der Kaiser genoss den idyllischen Kurort am Fuße des Taunus, die Champagnerluft und das exklusive Ambiente rund um den Kurpark. Überhaupt der Kurpark. 1854 gestaltete der berühmte Gartenarchitekt Peter Josef Lenné den Mittelpunkt des Kurparks mit bemerkenswerten Sichtachsen, elegant geschwungenen Wegen und einem kleinen See. Strauch- und Baumarten aus aller Welt, teils noch aus der Entstehungszeit stammend, lassen einen Spaziergang zu einem spannenden Ausflug in die Botanik werden.

Inzwischen befindet sich im Bad Homburger Kaiser-Wilhelms-Bad das „Kur-Royal Day Spa", in dem sich Gäste noch immer königlich erholen und die wohltuenden Anwendungen genießen. Bei dem Umfeld und Angebot kein Wunder. Allein die Architektur des Bades mit ihren kostbaren Fliesen und Mosaiken in weiten, hohen Räumen, der eindrucksvollen Eingangsrotunde und der historischen Kuppel schafft eine Atmosphäre, die bereits vorab alle Sinne anspricht. Die Anwendungen und Spa-Angebote, die in dezent luxuriösem Ambiente von hochqualifiziertem Personal durchgeführt werden, verbinden Wellness mit Gesundheitsvorsorge und Regeneration. Den Alltag vergessen, Beschwerden lindern, dem Körper Vitalität zurückgeben. Das Gesamtpaket im Kur-Royal Day Spa sorgt für mehr Wohlbefinden und eine außergewöhnliche Verwöhnzeit.

Kaiser-Wilhelms-Bad im Kurpark, 61348 Bad Homburg,
www.kur-royal.de

75 Bastion der Zuversicht

Ort der Stille im Innenhof
der Frankfurter Liebfrauenkirche

Echte Ruhe und Stille sind selten geworden. Trubel, Termindruck, Lärm – auf Frankfurts Einkaufsmeile Zeil herrscht oft Hektik und Unruhe. Überall gibt es Geräusche, Ablenkungen. Termine jagen einander. Doch einen Steinwurf entfernt bekommt man von alledem nichts mit.

Die Liebfrauenkirche steht da wie eine Bastion der Ruhe, der Gelassenheit und der Zuversicht. In ihrem Innenhof verbirgt sich ein besonderer Platz. Der Ort der Stille ist für viele unterschiedliche Menschen ein Magnet – egal, woher sie kommen, egal, wohin sie gehen. In dem Moment, in dem sie hier sind, haben sie ähnliche Bedürfnisse: Sie zünden vor der Marienstatue eine Kerze an, suchen Ruhe, benötigen eine kurze Auszeit zum Durchatmen, schöpfen neue Kraft, suchen Besinnung, geistigen Zuspruch im Gebet oder das Zwiegespräch.

Zwischen dem 14. und 16. Jahrhundert entstand in mehreren Bauabschnitten die dreischiffige gotische Hallenkirche mit Glockenturm. 1923 übernahmen Kapuziner die Seelsorge und legten neben der Kirche das Kapuzinerkloster an und versorgen heute im Franziskustreff Bedürftige mit Speisen. Seit 2014 hat die Kirche keine eigene Gemeinde mehr. Dennoch ist sie eines der spirituellen Zentren des Rhein-Main-Gebiets. Eines mit Zugang. Die Liebfrauenkirche ist täglich von 5.30 bis 21 Uhr geöffnet – länger als alle anderen Frankfurter Kirchen. Ums Eck, an der Liebfrauenstraße, liegt der Kirchenladen „Punctum", er bietet neben Begegnungen, Informationen und Gesprächen auch die Gelegenheit, bei Kaffee und Kuchen die vorbeirauschende Hektik in aller Ruhe zu beobachten.

Liebfrauenberg, 60313 Frankfurt am Main

76 Oase der Ruhe
Sabai Thai Spa

Einfach mal den Alltag hinter sich lassen, Augen schließen und entspannen. Wer wünscht sich das nicht, sind solche Momente doch rar gesät. Aus allen Richtungen hören wir, man müsse sich kleine Auszeiten schaffen, den Strapazen entfliehen. Richtig, allerdings ist das oft leichter gesagt als getan. Manchmal braucht es hierfür jedoch einfach nur die richtigen Berührungen.

Im stilsicher und mit liebevollen Details eingerichteten „Sabai Thai Spa" im Bornwiesenweg in Frankfurt kennt sich das zertifizierte und geschulte Personal genau damit hervorragend aus. In einer Kombination aus traditioneller thailändischer Entspannungsmassage und modernen Anwendungsmethoden geht es hier direkt in Richtung Loslassen und Abschalten. Der Duft exotischer Öle, Blüten und Früchte erfüllt den Raum, untermalt von sanften Musikklängen. Die Sinne gehen auf die Reise und tauchen ab in die Energie thailändischer Tradition. Das Spa-Konzept führt jahrtausendalte Weisheiten, modernste Methoden und exklusive Produkte – für Gesicht, Körper und Haar – zusammen. Heraus kommt ein ganz persönliches Wohlfühlprogramm.

Neben innerer Ruhe durch Massageanwendungen bietet das freundliche Spa zusätzlich seine Expertise beim Thema Make-Up, kosmetische Behandlungen und Depilation mit Wachs an. Auch den Wunsch nach äußerer Schönheit bekommt man hier gerne erfüllt.

Bornwiesenweg 14, 60322 Frankfurt am Main, www.sabai-thai-spa.de

77 Film ab!
Besondere Lichtspielhäuser

Astor Filmlounge

Kinogenuss der Extraklasse: Von der Garderobe und dem Begrüßungscocktail über die verstellbaren Liegesessel in den Kinosälen bis hin zur Bedienung am Platz während des Vorprogramms und Parkmöglichkeiten – das Rundum-Sorglos-Service-Paket und die besondere Atmosphäre in den kleinen Bibliothek-Kinos machen die „Astor Film Lounge" zum Place to be für alle Kinoliebhaber.

MyZeil (Foodtopia), 60313 Frankfurt am Main, frankfurt.premiumkino.de

Autokino Gravenbruch

Das Autokino Gravenbruch ist das älteste und erste Autokino in Deutschland und das zweitälteste Europas. Im eigenen Auto ist die Freiheit einfach am größten.

Außenliegend Autokino, 63263 Neu-Isenburg,
www.autokinogravenbruch.de

Caligari FilmBühne

Das „Caligari", benannt nach dem expressionistischen Stummfilm „Das Cabinet des Dr. Caligari", ist das kommunale Kino in Wiesbaden. In der einmaligen Atmosphäre des wunderschön renovierten Ufa-Filmpalastes wird Filmgeschichte präsent gehalten und ein anspruchsvolles Programm für Groß und Klein geboten.

Marktplatz 9, 65183 Wiesbaden, www.wiesbaden.de

Mal seh'n Kino e.V.

Das Programm des kleinen, gemütlichen „Mal seh'n Kinos", das mit modernster Vorführtechnik ausgestattet ist, deckt die gesamte Bandbreite des zeitgenössischen Kinos abseits des Mainstreams ab. 1984 von einer Gruppe Filminteressierter und Filmemacher gegründet, gehört es zu den traditionsreichsten Frankfurter Programmkinos und wurde für seine engagierte Programmgestaltung mehrfach mit Preisen ausgezeichnet. Die Filme laufen fast immer in der Originalfassung mit deutschen Untertiteln.

Adlerflychstraße 6, 60318 Frankfurt am Main, www.malsehnkino.de

78 Zum Lachen in den Keller

Die Schmiere

Das 1950 von Rudolf Rolfs gegründete Kabarett ist eines der ältesten Privattheater der Stadt – und bezeichnet sich selbst als schlechtestes Theater der Welt – darauf weist ja bereits der Name hin, abgeleitet vom sogenannten Schmierentheater. Nun, die einen sagen so, die anderen so. Klar ist, man muss es buchstäblich mögen, zum Lachen in den Keller zu gehen, denn dort befindet sich „Die Schmiere". Satirisch, komödiantisch, politisch, bissig, intelligent und immer pointiert arbeitet sich die mittlerweile zweite Schmiere-Generation immer unterhaltsam am ganz normalen Alltagswahnsinn ab. Neben Eigenproduktionen werden auch Gastspiele geboten – Kabarett, Comedy, Literatur, Kunst und Magie. Der Zauberabend „Magic Monday" etwa hat Kultcharakter!

Seit 1990 wird das übrigens völlig unsubventionierte Theater von Matthias Stich und Effi B. Rolfs geleitet, der Tochter des einstigen Gründers. Nach wie vor spielt man das ganze Repertoire, es stehen also viele verschiedene Stücke auf dem Spielplan, die in dem alten gemütlichen Gewölbe mit seinen knapp 100 Sitzplätzen dargeboten werden. Übrigens sind auch diese liebenswert, denn man sitzt, je nach Platzkategorie, auf gepolsterten und ungepolsterten Stühlen und durchgesessenen Sofas, eine ebenso wilde und zusammengewürfelte Mischung wie das Publikum. Ach, es ist einfach schee, da unne im Keller. Auf dass der letzte Vorhang, dieses wundervolle Stückchen speckige Pappe mit der Posamentenborte, niemals fallen wird.

Seckbächer Gasse 4 (Karmeliterkloster), 60311 Frankfurt am Main, www.die-schmiere.de

79 A class of its own
The English Theatre Frankfurt

„The English Theatre Frankfurt" wurde 1979 gegründet und ist nicht nur das drittälteste englischsprachige Theater auf dem europäischen Festland, sondern auch das größte. Eigentlich kein Wunder, denn als internationalste Region Deutschlands bringen Frankfurt und die Rhein-Main-Region solche Kulturangebote hervor. Ein breiter Förderkreis auf Seiten der Wirtschaft trägt das English Theatre, das neben einem internationalen Stammtisch auch zahlreiche Schulprojekte im Programm hat. Spielort ist das Galileo-Hochhaus im Bahnhofsviertel, an der Ecke von Gallusanlage und Kaiserstraße.

Pro Spielzeit begrüßt das Theater über 70.000 Zuschauer. Seit Gründung vor über 35 Jahren präsentiert es pro Saison fünf bis sechs Eigenproduktionen, einen Mix aus Klassikern, Musicals, Thrillern, Komödien, Parodien und zeitgenössischen Stücken. Das „English Theatre" ist bekannt für sein facettenreiches Programm auf höchstem Niveau, das in ca. 290 Aufführungen pro Spielzeit gezeigt wird. Alle Stücke werden in London oder New York produziert und anschließend in Frankfurt zur Premiere gebracht.

Nach dem Theatergenuss bietet sich ein Besuch in der angeschlossenen „James Bar" an, eine moderne Bar, die auch externen Gästen offensteht und nach dem irischen Schriftsteller James Joyce benannt ist. Hier gibt es nicht nur eine ordentliche Auswahl an Bar-Klassikern, sondern auch leichte Snacks und internationale Bistrogerichte. Daneben bietet das James Musik (mit und ohne Vocals), hin und wieder Partys, Performances und mehr.

Gallusanlage 7, 60329 Frankfurt am Main, www.english-theatre.de

80 Bürgerschaftliches Engagement

Frankfurter Bürgerstiftung Holzhausenschlösschen

Das schön gelegene barocke Wasserschloss aus dem 18. Jahrhundert war einst der Sommersitz des Frankfurter Patriziers und Ratsherrn Haman von Holzhausen. Es ist das letzte erhaltene Beispiel eines patrizischen Landhauses und seit 1989 ist es Sitz der Frankfurter Bürgerstiftung, die hier nicht nur an die alte Tradition des Ortes und des bürgerschaftlichen Engagements anknüpft. Mit jährlich rund 300 unterschiedlichen öffentlichen Veranstaltungen wie Konzerte, Vortragsreihen, Lesungen, Ausstellungen, Kinderveranstaltungen, Buchpublikationen und CD-Veröffentlichungen sind die Besucher dazu eingeladen, die facettenreiche Geschichte Frankfurter Bürger, Familien, Initiativen, Institutionen und deren Stiftungen kennenzulernen und zu erforschen. Das vielschichtige und lebendig gestaltete Programm sowie eine eigene Kinderbibliothek machen Frankfurter (Stadt-)Kultur und Geschichte für Jung und Alt zu einem Erlebnis.

Darüber hinaus leistet die Frankfurter Bürgerstiftung mit ihrem Engagement auch in den Bereichen Bildung, Soziales und Umweltschutz einen wesentlichen Beitrag zum kulturellen Leben der Stadt – übrigens ohne jegliche städtische oder staatliche Zuschüsse! – und gilt heute als eine der wichtigsten Frankfurter Kulturstiftungen. Für Jazz-Liebhaber ist sie einer der zentralen Anlaufstellen, schließlich lädt der fast 100-jährige Emil Mangelsdorff, einer der profiliertesten Solisten und Komponisten des deutschen Jazz, seit 1996 an jedem ersten Montag im Monat zu seiner Konzertreihe ein, die Kultstatus hat und die vermutlich weltweit die längste kontinuierliche Konzertserie eines Künstlers überhaupt sein dürfte.

Justinianstr. 5, 60322 Frankfurt a. M., www.frankfurter-buergerstiftung.de

81 „Mit dem Glockenschlage zwölf!"

Frankfurter Goethehaus

Bis 1795 war hier der Wohnsitz der Familie Goethe. Im Haus am Großen Hirschgraben wurde Johann Wolfgang Goethe am 28. August 1749 mittags um zwölf geboren und wuchs auch dort auf. Er verbrachte hier seine Kindheit und den größten Teil seiner Jugend, bis er 1775 der Einladung des Erbprinzen Carl August von Sachsen Weimar-Eisenach nach Weimar folgte. In seinem Elternhaus schuf Goethe sein eindrucksvolles Frühwerk, darunter Götz von Berlichingen, die Urfassung des Faust und Die Leiden des jungen Werther, die ihn über Nacht weltberühmt machten. 1795 verkaufte die Familie das Haus. Nach der Kriegszerstörung am 22. März 1944 wurde das Elternhaus Goethes wieder aufgebaut und zählt heute zu den bedeutendsten Dichter-Gedenkstätten Deutschlands. Zwar entspricht die Einrichtung nicht mehr dem Original, aber man hat versucht, die einzelnen Zimmer möglichst originalgetreu wieder herzurichten.

Die astronomische Uhr aus dem Jahr 1746 bildet eine besondere Attraktion: Umlaufende Ringe zeigen das Datum an, darunter Uhrzeit, Mondphasen und Sonnenstand mit Tierkreiszeichen. Insgesamt ist das „Frankfurter Goethehaus" typisch für die burgerliche Wohnkultur im Spätbarock. Der Besuch bietet einen interessanten Einblick in den Lebensstil des 18. Jahrhunderts. Das Goethehaus ist im Besitz der Stiftung Freies Deutsches Hochstift, die auch das mit dem Goethehaus verbundene „Goethemuseum" und das im September 2021 eröffnete weltweit einzige „Deutsche Romantik-Museum" betreibt. Letzteres ist nicht nur wegen seiner einzigartigen Sammlung einen Besuch wert, sondern auch wegen des spektakulären Baus selbst, der vom Frankfurter Architekten Christoph Mäckler geschaffen wurde.

Großer Hirschgraben 23-25, 60311 Frankfurt am Main,
www.frankfurter-goethe-haus.de

82 Vielfalt, die begeistert
Frankfurter Museumslandschaft

Ob Alte Meister, Moderne oder komische Kunst, Design-, Film- oder Weltgeschichte, antike Skulpturen oder aufstrebende junge Künstler – in Frankfurt liegt all das nah beieinander, denn die Stadt gehört zu den wichtigsten Museumsstandorten in Deutschland. Mit dem Museumsufer am Sachsenhäuser Mainufer bietet sie eine tatsächlich weltweit einzigartige Fülle an Ausstellungshäusern. Aber auch mitten in der Stadt, in den einzelnen Stadtteilen und natürlich in der Region (stellvertretend seien hier die Hessischen Landesmuseen in Darmstadt und Wiesbaden, das „Ledermuseum" in Offenbach oder das „Sinclair Haus" in Bad Homburg genannt) gibt es eine Vielzahl weiterer Museen, die unbedingt einen Besuch wert sind – etwa das „Feldbahnmuseum" in Schwanheim, das „Senckenberg Naturmuseum", „Die Schirn" in der Altstadt oder das „Porzellanmuseum" in Höchst. Spektakuläre Neuzugänge sind das „Neue Jüdische Museum", das nicht nur ein paar tausend Quadratmeter Ausstellungsfläche zur jüdischen Geschichte (in Frankfurt) bietet, sondern auch eine beeindruckende Architektur, eine wunderschöne öffentliche Bibliothek und Frankfurts erstes milchig-koscheres Café, das weltweit einzige „Deutsche Romantik-Museum" oder das Dunkelmuseum „Dialog im Dunkeln".

Gut zu wissen. Alle städtischen Museen in Frankfurt sind montags geschlossen! An jedem letzten Samstag im Monat ist der Eintritt frei für eine Tour durch die Museen, denn dann findet jeweils der sogenannte Satourday statt. Und: Kinder und Jugendliche bis zur Volljährigkeit haben in Frankfurt in allen Dauer- und Sonderausstellungen der städtischen Museen immer kostenfreien Eintritt!

www.museumsufer.de

83 Mundart intelligent

Frankfurter Volksbühne

Humoristische Grundversorgung nach Frankforter Art, das bietet die „Volksbühne Frankfurt". Gemeinsam mit zahlreichen Künstlern zeigt Theaterleiter Michael Quast, wie eine zeitgemäße, lebendige Volksbühne aussehen kann und dass Mundarttheater alles ande-re als tumb ist, sondern geistreich, witzig und sehr unterhaltsam. Gleichzeitig wird Wert gelegt auf einen kritischen und auf die ak-tuellen Verhältnisse bezogenen Umgang mit historischen Stoffen und literarischen Vorlagen und auf eine offensive Komik in der Darbietung. Parallel gibt es weitere Formate – etwa der Fußball- und Theater-Talk, (multikulturelle) Konzerte, Operettenadaptionen oder überaus spannende Co-Produktionen, etwa mit dem Ensemble Modern. Diese werden seit Januar 2020 nun im Cantate-Saal am Großen Hirschgraben, mitten in der Frankfurter Innenstadt, in unmittelbarer Nachbarschaft zum Goethehaus und dem neuen Romantik Museum auf die Bühne gebracht, wo die Fliegende Volks-bühne nach jahrelangem Bangen und einer turbulenten Odyssee über diverse Spielorte im Januar 2020 endlich landen durfte.

Übrigens ist Quast auch einer der Mitbegründer und Haupt-darsteller des Sommertheaterfestivals Barock am Main – Der hes-sische Molière in Frankfurt-Höchst, bei dem Stücke des französi-schen Dramatikers in südhessischer Mundart aufgeführt werden. Seit dem Tod von Wolfgang Deichsel im Jahr 2011 sorgt der Autor Rainer Dachselt für die hessischen Stückfassungen.

Großer Hirschgraben 15, 60311 Frankfurt am Main,
www.volksbuehne.net, www.barock-am-main.de

84 Für Bibliophile
Literaturhaus Frankfurt

Was 1989 als Herzensvision einer Gruppe engagierter Frankfurter Bürger um den damaligen Kulturdezernenten Hilmar Hoffmann startete, war 1991 bereits Wirklichkeit geworden, denn man hatte einen Ort für die Literatur geschaffen; für Austausch, Auseinandersetzung und Begegnungen mit Literatur(en), Kunst, Medien, Autoren, Wissenschaft. Im „Literaturhaus Frankfurt" traf und trifft man sich wegen hochkarätiger Veranstaltungen: Autorenlesungen, Symposien, Diskussionsrunden, Lesungskonzerten, Buchpartys, Kindernachmittagen, Schüler-Workshops, Schreibwerkstätten und noch so einiges mehr. Zum Beispiel auch für guten Wein und erstklassige Speisen im Restaurant „Goldmund", denn natürlich muss neben dem Geist auch der Körper genährt werden und verlangt nach Genuss. Das Literaturhaus Frankfurt hat, so banal und abgegriffen das vielleicht jetzt klingen mag – ebenso viele Seiten wie ein gutes Buch!

2005 zog die Einrichtung übrigens aus einer Westend-Villa in die von Christoph Mäckler wiedererrichtete „Alte Stadtbibliothek" und ist seitdem an der Schöne Aussicht 2 zu finden. Passender hätte man sich die Adresse nicht ausdenken können.

Jährlich organisiert das Literaturhaus Frankfurt rund 100 Veranstaltungen, darunter die Abschlusslesung der renommierten Frankfurter Poetik-Vorlesungen in Zusammenarbeit mit der Goethe-Uni oder die Präsentation der Finalisten des Deutschen Buchpreises. Ebenfalls unter dem Dach des Literaturhauses Frankfurt befindet sich das „Junge Literaturhaus", wo junge Schreibtalente in den Schreibwerkstätten des Schreibzimmers gefördert werden, wo man nationale und internationale Autoren treffen kann und wo es jede Menge Gleichgesinnte gibt, die entweder bereits Marathonleser sind oder zum Bücherjunkie werden möchten. Was für eine schöne Aussicht!

Schöne Aussicht 2, 60311 Frankfurt am Main, www.literaturhaus-frankfurt.de

85 Kultstätten des Jazz
Jazzkeller

19 Stufen geht es hinunter in Europas ältesten Jazzclub, den Frankfurter „Jazzkeller", ein gerade einmal acht mal acht Meter kleines Kellerlokal, ein Place to be für alle Jazz-Enthusiasten. 1952 von Carlo Bohländer gegründet, fühlen sich im einstigen Wohnzimmer von Albert und Emil Mangelsdorff die Jazzgrößen von damals und heute gleichermaßen wohl. Denn sie waren alle schon hier im Keller, wie dieser Ort seit jeher von Kennern genannt wird, das bezeugt die beeindruckende Galerie mit Fotos und Zeitungsausschnitten an den Wänden: Stan Getz, Duke Ellington, Louis Armstrong, Dizzy Gillespie oder Dean Martin. Selbst Frank Sinatra oder Ella Fitzgerald waren zu Gast. Die Atmosphäre ist familiär, entspannt und wahrscheinlich kommt man den Musikern selten näher. Mindestens einmal im Monat spielt Tony Lakatos mit einem Quintett hier auf, es gibt Jamsessions, Konzerte und dazu passend eine gute Auswahl hervorragend gemixter Cocktails, feine Weine und Whiskys und alles, was das Herz sonst noch begehrt.

Bis zu seinem Tod im Dezember 2020 wurde die Institution von Eugen Hahn geführt, ein großer Musikenthusiast, der den Jazzkeller 1986 übernahm, ihn nach dem Vorbild der New Yorker Jazzclubs aufbaute und hier Frankfurts Ruf als bundesweite Jazzmetropole viele Jahrzehnte prägte. Gleichzeitig förderte er aber auch den musikalischen Nachwuchs. Gemeinsam mit Eugen Hahns Sohn Philipp und dessen Frau Ana führt die Ehefrau von Eugen Hahn, Kerry, die Tradition des legendären Clubs nun weiter - ergänzt durch „crafted cocktails", sodass dieser magische Ort, der ganz sicher zur Handvoll Kultstätten des Jazz in der Welt zählt, hoffentlich noch viele Jahrzehnte erhalten bleibt.

Kleine Bockenheimer Straße 18a, 60313 Frankfurt am Main,
www.jazzkeller.com

86 Musik und darstellende Künste

Oper und mehr

Oper Frankfurt

Gerade für Liebhaber von Opern und Theater bietet die Region Frankfurt ein fast unermessliches Angebot. Die „Oper Frankfurt" ist eines der bedeutendsten Musiktheater in Europa und wurde mehrfach als Opernhaus des Jahres ausgezeichnet. Avancierte Regiekonzepte, ausdrucksstarke musikalische und darstellerische Leistungen sowie die Offenheit gegenüber zeitgenössischen Komponisten lenken immer wieder den Blick auf dieses traditionsreiche Haus.

Untermainanlage 11, 60311 Frankfurt am Main, oper-frankfurt.de

Schaupiel Frankfurt

Das „Schaupiel Frankfurt" ist das größte Sprechtheater im Rhein-Main-Gebiet. Zwischen den 1950er und 1970er Jahren galt es als die wichtigste westdeutsche Brecht-Bühne. Gespielt werden sowohl Klassiker als auch zeitgenössische Dramen, Performances und Junges Theater. Workshops und Gesprächsreihen runden das vielfältige Angebot ab.

Neue Mainzer Straße 17, 60311 Frankfurt a. M., www.schauspielfrankfurt.de

Staatstheater Darmstadt

Aber auch außerhalb der Mainmetropole gibt es beeindruckende Spielstätten, etwa das „Staatstheater Darmstadt", ein Vierspartenhaus mit Oper, Tanz, Schauspiel und Konzertwesen, wo in jeder Spielzeit rund 40 Produktionen zur Aufführung gebracht werden.

Georg-Büchner-Platz 1, 64283 Darmstadt, www.staatstheater-darmstadt.de

Staatstheater Wiesbaden

Im „Staatstheater Wiesbaden" mit seinen fünf Sparten und vier Bühnen gibt es pro Jahr mehr als 30 Neuinszenierungen in Oper, Schauspiel und Ballett. Außerdem ist das Haus bekannt für die Internationalen Maifestspiele, die jedes Jahr im Mai stattfinden.

Christian-Zeiss-Straße 3, 65189 Wiesbaden, www.staatstheater-wiesbaden.de

87 U und E mit Anspruch

Rheingau Musik Festival

Das „Rheingau Musik Festival" veranstaltet jedes Jahr über 170 Konzerte in der gesamten Region von Frankfurt über Wiesbaden bis zum Mittelrheintal. Einmalige Kulturdenkmäler wie Kloster Eberbach, Schloss Johannisberg, Schloss Vollrads oder das Kurhaus Wiesbaden sowie pittoreske Weingüter verwandeln sich jeden Sommer in Konzertbühnen für Stars der internationalen Klassikszene und interessante Nachwuchskünstler von Klassik über Jazz bis hin zu Kabarett und Weltmusik. In über 30 Jahren sind der Rheingau und sein Festival in einem einzigartigen Zusammenspiel von Kultur und Natur, Musik, Genuss und Lebensfreude zum Anziehungspunkt für Musikbegeisterte aus aller Welt geworden.

Das breite Programmspektrum hat seinen Schwerpunkt zwar auf der sogenannten E-Musik, reicht aber auch bis zu Jazz und Kabarett. Die hohe künstlerische Qualität aller Konzerte ist dabei der verbindende Aspekt aller Veranstaltungen. Die Idee zum Festival hatte Michael Herrmann, der heutige Intendant der Veranstaltungsreihe, bereits Anfang der Siebzigerjahre. Nach einem Probelauf im Sommer 1987 gründete er mit einigen Freunden und Musikbegeisterten im November 1987 den „Rheingau Musik Festival e. V." 1988 ging die erste Spielzeit mit 19 Veranstaltungen an insgesamt fünf Veranstaltungsstätten über die Bühne. Heute zählt es zu den größten Musikfestivals in Europa.

www.rheingau-musik-festival.de

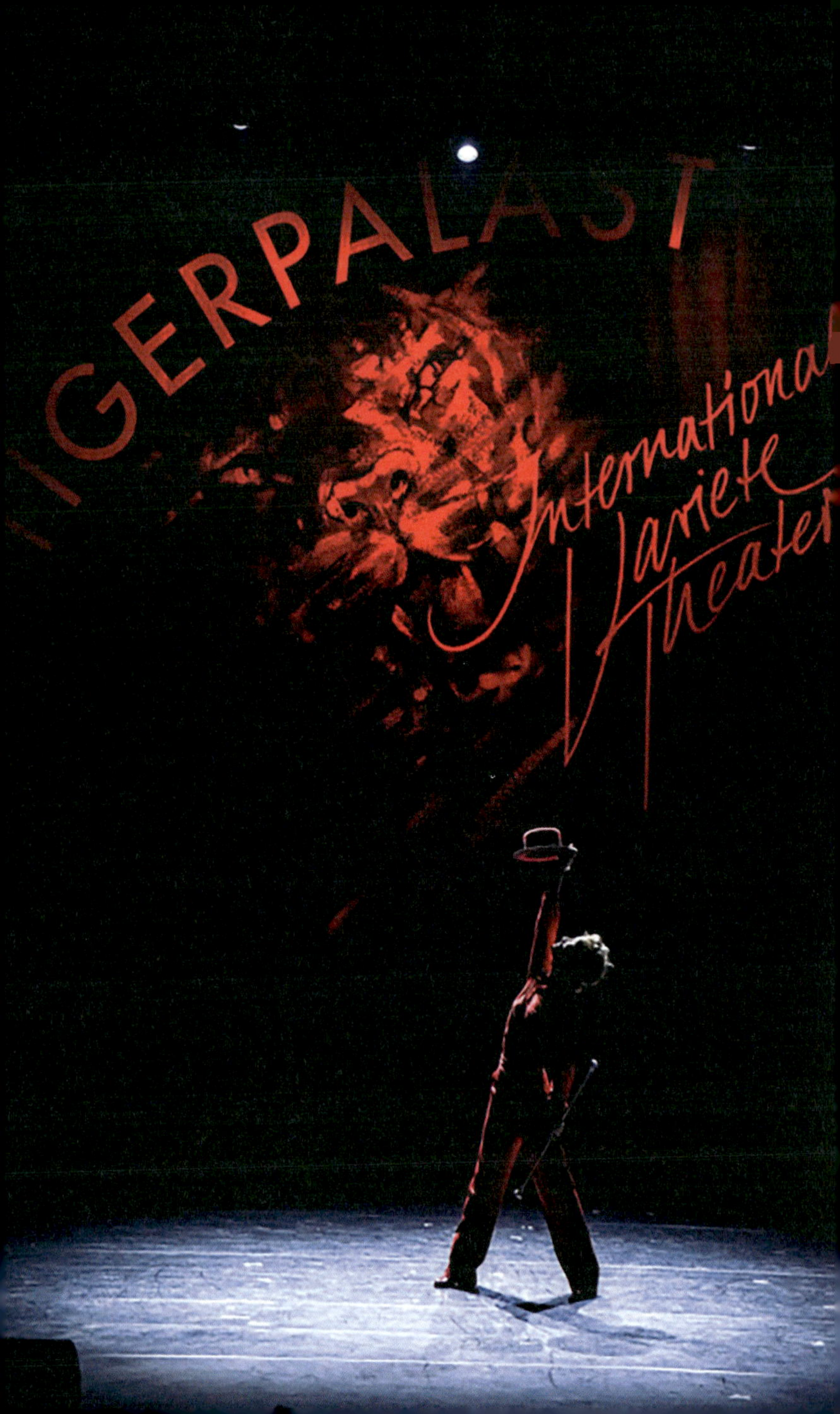
IGERPALAST
International
Variete
Theater

88 Sensationelle Varieté-Kunst

Tigerpalast

Es ist einer jener Orte, die man als Institution bezeichnen darf – ohne Übertreibung. Mit dem „Tigerpalast" haben 1988 seine Gründer Johnny Klinke, Margareta Dillinger und der 2002 viel zu früh verstorbene Matthias Beltz nicht nur die eigentlich aus dem Stadtbild verschwundene Tradition des Varieté-Theaters zurück nach Frankfurt gebracht, sondern auch für eine Renaissance der großstädtischen Varieté-Künste gesorgt.

Genießen, staunen, glücklich sein – die Verpflichtung der besten Artisten der Welt und die kongeniale Verbindung mit der Spitzengastronomie, für die Mitbegründer Robert Mangold steht, machen den Tigerpalast so besonders.

Nirgendwo sonst kommt man den Trapez- und Entfesselungskünstlern, Jongleuren und Seilakrobaten, Chanteusen, Magiern oder Kabarettisten so nah wie in dem ehemaligen Versammlungsraum der Heilsarmee. Während die Palastband von der Empore aus live unterhält, findet die atemberaubende Show mal direkt über den Köpfen der Zuschauer, mal mitten im Saal und dann auch wieder ganz klassisch vorne auf der Bühne statt. Die unglaublich dichte Atmosphäre ist zweifelsohne eines der Erfolgsrezepte des Tigerpalastes. Pro Jahr werden zwei Revuen inszeniert, eine für Frühling und Sommer, eine für Herbst und Winter. Vor oder nach der Show geht es ins Palastbar- oder Tigerpalast Gourmetrestaurant. Letzteres zählt zu den Top-Adressen in Deutschland. Geboten wird hier eine außergewöhnliche, moderne und französische Gourmetküche mit orientalischer Note, deren kulinarische Höhepunkte seit 2017 Coskun Yurdakul als Chef de Cuisine kreiert. Darüber hinaus ist die Auswahl von über 800 erlesenen Weinen bemerkenswert.

Heiligkreuzgasse 16-20, 60313 Frankfurt am Main, www.tigerpalast.de

89 Florale Meisterwerke
Blumenbar

„Florale Kunststücke" - so der Beiname der „Blumenbar" von Nicola Dworok, einem der seit Jahren in Frankfurt angesagten Blumenläden im Nordend. Tatsächlich bietet die Floristmeisterin genau das an: naturnahe, zarte Blumenarrangements, die jedes Umfeld zieren. Dabei sind es gerade wildgewachsene und manchmal auch krumme Pflänzchen, die sie faszinieren. Dazu gibt's Flohmarktfundstücke und allerlei dekorative Nettigkeiten, die sich wunderschön als Geschenke und Mitbringsel eignen - gern auch ganz eigennützig. Man soll sich ja immer wieder auch selbst etwas gönnen.

Neben den herrlichen, individuell kombinierten Sträußen findet man hier auch ein- und mehrjährige Pflanzen und Stauden, denn schließlich braucht es keinen Riesengarten, um sich sein ganz privates grünes Paradies zu erschaffen - auch der kleinste Balkon eignet sich dafür hervorragend. Tipps für die richtige Pflege erhält man in dem Fachgeschäft natürlich ebenfalls. Selbstverständlich gibt es auch die klassische Floristendienstleistung, sprich Blumenarrangements für jeden schönen und auch traurigen Anlass, schließlich kann man mit Blumen gleichermaßen trösten wie das Leben feiern. Eine tolle Idee ist das Blumenabo, mit dem man in schöner Regelmäßigkeit sein Umfeld erblühen lassen kann. Auch das ist übrigens eine wunderbare Geschenkidee, mit der man jemandem eine Freude machen kann.

Eckenheimer Landstraße 74, 60318 Frankfurt am Main,
www.blumenbar.net

90 Zeit zum Trödeln
Flohmärkte und Antiquariate

Trödeln – ist das nicht ein herrlicher Begriff? Einfach in den Tag hineinleben, keine Termine, kein Stress, kein Alltag, der organisiert werden muss, sondern einfach das tun, wozu man Lust und Laune hat – das ideale Programm für einen faulen Samstagvormittag. Ganz wunderbar geht das etwa auf dem Flohmarkt am Offenbacher Mainufer, bei dem jedermann einen Standplatz reservieren kann und bei dem man alle verwertbaren Dinge aus dem Keller, vom Dachboden, aus Haushaltsauflösungen oder der Garage anbieten darf. Der Verkauf von Lebensmitteln und Neuwaren ist allerdings verboten.

Auch in Frankfurt macht der Flohmarkt Spaß. Und je nachdem, welches Wochenende man erwischt, findet dieser entweder am Mainufer oder am Osthafen statt, denn zwischen diesen beiden Kulissen wechselt er ab, so dass allein schon deswegen niemals Langeweile aufkommt. Hier kann man sich dann von 9 bis 14 Uhr auf „Schätzchenjagd" machen. Schnäppchen lassen sich natürlich auch finden.

Wer ganz speziell auf der Suche nach gebrauchten Buchschätzen ist, dem sei ein Besuch in den einschlägigen Antiquariaten empfohlen. Beispielhaft seien nur ein paar wenige genannt: etwa „Orban und Streu" im Nordend (Eckenheimer Landstraße 36, 60318 Frankfurt am Main), die „Buchhandlung Walther König" an der Kleinmarkthalle (Hasengasse 5-7, 60311 Frankfurt am Main), die „Buchhandlung Schutt" am Uhrtürmchen in Bornheim (Arnsburger Straße 68, 60385 Frankfurt am Main), die „Buchhandlung und Antiquariat Naumann & Eisenbletter" im Nordend (Berger Straße 168, 60385 Frankfurt am Main) oder in der „Ypsilon Buchhandlung" (Berger Straße 18, 60316 Frankfurt am Main), „Tresor am Römer" (Braubachstraße 32, 60311 Frankfurt am Main) und viele, viele weitere, wo man seiner bibliophilen Liebe frönen kann.

91 Für Trendsetter

Hayashi

Wer sich für Mode interessiert, kennt Kerstin Görling und ihre über Frankfurts Grenzen hinaus bekannte Boutique „Hayashi", die zu den führenden Concept Stores für Womenswear Deutschlands zählt. Gerade 26 Jahre war sie alt, als sie 2007 ihren Laden eröffnete, in dem sie seither ein avantgardistisch-progressives Sortiment internationaler Designer anbietet. Ein Traum, vielmehr eine Sternstunde – bezeichnet der Begriff in der Astrophysik doch die Geburtsstunde eines Sterns.

Hier am Börsenplatz findet man einerseits natürlich die aktuellen Kollektionen der internationalen Designer: Bekleidung, Accessoires, Taschen und Schuhe. Andererseits arrangiert und kuratiert Kerstin Görling die Teile so, dass der unverwechselbare Hayashi-Look entsteht – eklektisch, aufregend und gleichzeitig tragbar. Ein bisschen Mut braucht man allerdings schon dafür, denn eigentlich möchte Mode reizen und überraschen und nicht brav und schlicht sein, davon ist man bei Hayashi überzeugt. Und so plädieren Kerstin Görling und ihr Team weniger für einen Look aus einem Guss, als vielmehr dafür, etwas zu wagen. Entsprechend hängen die Kleider auch nicht nach Designern geordnet, sondern werden, ähnlich wie Kunstwerke, in immer neue Zusammenhänge gebracht, das passt auch wunderbar zur Philosophie der Inhaberin, denn für Kerstin Görling ist Mode Kunst. Übrigens muss man nicht zwingend vor Ort einkaufen, einen Teil des Sortiments bekommt man auch über den Onlineshop. Und wer die neuesten Trends und Looks nicht verpassen möchte, folgt Hayashi auf Instagram.

Börsenplatz 13–15, 60313 Frankfurt am Main, www.hayashi-shop.com

92 Versteckte Schatzkammer

Idüll Design, Story, Space

Was genau ist das „Idüll" in Bornheim eigentlich? Klar, es ist ein Laden, in dem es ausgesucht schöne Dinge gibt – ausgefallenes Kunsthandwerk, Artefakte und Ideen aus den angesagten Designschmieden von fern und nah – einerseits. Andererseits erfährt man hier die tollsten Geschichten – eben über genau jene schönen Dinge, die Inhaber Ulrich Dietzel mit großer Sorgfalt und seinem ausgeprägten Sinn für gute Gestaltung für sein Urban Island – so versteht er selbst sein Idyll – zusammenträgt, man könnte sagen: kuratiert. Außerdem gibt es Magazine und Bücher, herrlichen Kaffee, selbst angesetzte Liköre (auch zum Probieren), fein ausgewählte Weine und Spirituosen – und noch mehr Geschichten: Etwa, wo er diese Schätzchen gefunden hat oder wie sie hergestellt wurden, aber auch aus dem ganz normalen Frankfurter Alltag. Von wunderbaren Begegnungen, die sich an diesem besonderen Ort zutragen, über Zufallsbekanntschaften, aus denen sich mehr als einmal Freundschaften entwickelt haben oder, oder, oder. Wenn Ulrich Dietzel erst mal ins Erzählen kommt ...

Und so verlässt man das Idüll immer beschwingt – vor lauter Freude über ein gutes Gespräch oder weil man hier wieder so ein zauberhaftes Schätzchen finden durfte. Und manchmal vielleicht auch ein klitzekleines bisschen wegen des Schlückchens, das man verkosten durfte, obwohl doch die Sonne noch nicht untergegangen ist. Ach, was soll's, man muss die Feste feiern, wie sie fallen! Auf das Leben und die Liebe – denn das ist ohnehin der beste Grund. Cin Cin und Santé! Am liebsten bis bald im Idüll!

Gronauer Straße 2, 60385 Frankfurt am Main, www.iduell-shop.de

93 Perfekte Handwerkskunst

Hedy Schuhmacherei

„Hedy"! Einfach Hedy, so nennt sich der extrem sympathische Schuhmacher selbst. Dabei heißt er eigentlich Hedayatullah Mohammadi, ein Name fast so lang wie der Weg, den er zurücklegen musste, als er 2009 als afghanischer Flüchtling endlich in Deutschland ankam. Mit dem großen Wunsch, hier neu anzufangen bzw. überhaupt sein Leben zu beginnen, ein Leben in Frieden. 17 Jahre war er damals alt, sprach kein Deutsch, kaum Englisch, doch verstand, dass Kommunikation der Schlüssel für alles ist, und lernte und lernte und lernte. Eigentlich wollte er Architekt werden. Oder Arzt. Doch dann bekam er schnell einen Ausbildungsplatz als Schuhmacher und machte schon im dritten Monat seiner Lehre sein erstes Paar Schuhe, nach dem ersten Lehrjahr hatte er bereits seine ersten rahmengenähten Schuhe gefertigt – normalerweise eine Aufgabe für das Abschlussjahr.

Hedy ist fleißig, zielstrebig und hat Talent und ein großes Herz – für Schuhe, für das Handwerk und für Menschen. Vor vier Jahren konnte er sich im Frankfurter Brückenviertel einen Traum erfüllen: einen kleinen Laden mit Werkstatt, in dem einerseits seine Maßschuhe entstehen, extravagant oder klassisch, ganz wie es der Kunde wünscht. Andererseits ist sich der 29-Jährige aber auch nicht zu fein für die ureigenen Dienstleistungen eines Schuhmachers. So ist ihm ganz selbstverständlich auch jeder willkommen, der nur eine neue Sohle braucht oder dem der Taschenriemen abgerissen ist. Und auch wer einfach Lust auf ein gutes Gespräch hat, für den steht Hedys Ladentür offen. Und die Menschen kommen gerne zu ihm und immer wieder – wegen seines handwerklichen Sachverstands und vor allem wegen seiner unsagbar freundlichen Art.

Wallstraße 26, 60594 Frankfurt am Main, www.hedy-schuhmacherei.com

94 Klassische Moderne

H. Hardy

Von Oscar Wilde ist das schöne Zitat überliefert: „Mit dem guten Geschmack ist es ganz einfach: Man nehme von allem nur das Beste." Im Men-Store von Hardy Steidl auf der Schweizer Straße bedeutet dies, dass es hier zwar bestimmte Marken gibt, aber von diesen nicht etwa jeweils die gesamte Kollektion, sondern nur ausgewählte Stücke, die er, ein ausgewiesener Experte in Sachen Stil und Mode, für gut und vor allem passend befunden hat. Eine kleidsame Essenz des guten Geschmacks. Daher sind die Labels hier auch aufeinander abgestimmt, die Einzelteile ergänzen sich, passen zusammen, bauen aufeinander auf, aber können selbstverständlich auch als Einzelteile erworben werden. Bloß, wenn man dann in dieser gut ausgestatteten Herrenboutique steht und diesen Anzug sieht oder jenen Pulli, dieses Hemd und jene Schuhe und dann noch den Schal ... Tja, da kommt man schon in Versuchung, obwohl man ja eigentlich nur eine einzige Hose kaufen wollte. Aber es passt tatsächlich alles so gut zusammen. Und ist nicht nur modisch im Sinne von liegt im Trend, sondern kann gut und gerne auch noch in der nächsten oder übernächsten Saison getragen werden. Denn klar, einerseits findet man natürlich die sogenannten It-Pieces, andererseits aber auch zeitlose Klassiker, die immer gehen. Stilvolle Mode eben. Und wenn wir schon dabei sind: Eigentlich ist „H. Hardy" auch gar kein Store, sondern verdient viel eher den schönen, altmodischen Namen Kaufhaus, in dem man findet, was man braucht, um von Kopf bis Fuß gut eingekleidet zu sein – und dazu eine gute Beratung. Übrigens vom Chef persönlich. Und der sagt nicht nur, wenn das Outfit Bombe aussieht, sondern auch, wenn man vielleicht doch lieber ein anderes Teil probieren sollte. Schließlich möchte er, dass seine Kunden gut aussehen und zufrieden sind. Denn nur dann kommen sie wieder.

Schweizer Straße 16, 60594 Frankfurt am Main, www.h-hardy.de

95 Haute Joaillerie

Juwelier Friedrich

Die ausgefallenen Preziosen des Frankfurter Traditionsjuweliers sind weltweit bekannt. 1947 gegründet, schmückten sie nicht nur die Diven des deutschen Films, sondern nach kürzester Zeit auch echte Hollywood-Stars. Heute führt der international geschätzte Gemmologe Marc G. Stabernack die Geschäfte des Hauses, das Schmuckgeschichte geschrieben hat. Die Entwürfe von Friedrich sind wahre Eyecatcher, kein Wunder, schließlich werden hier seit jeher Handwerkskunst und edelste Materialien zu hochkarätigen Unikaten vereint. Das wissen Liebhaber der „Haute Joaillerie" zu schätzen. Wer allerdings wissen möchte, wer zu den Kunden des Hauses zählt, wird enttäuscht. Hierzu ist nichts zu erfahren, denn Diskretion wird groß geschrieben. Allerdings gibt es folgende Anekdote, in der Barbara Streisand, auf die Frage, was ihr denn an Deutschland gefalle, geantwortet habe: „Jewels from Friedrich!" Nicht mehr. Und auch nicht weniger. Tatsächlich ist dies kein Wunder, schließlich sind die Kreationen auch bei Sammlern heiß begehrt, denn sie besitzen eine Strahlkraft, die ihresgleichen sucht.

Übrigens findet man sie in Frankfurt gleich an zwei Adressen. Neben dem Hauptgeschäft in der Neuen Rothofstraße gibt es eine weitere Dependance direkt in der neuen Frankfurter Altstadt, am Hühnermarkt, im Erdgeschoss eines Eckhauses mit dem klangvollen Namen Paradies. Kann es eine treffendere Adresse für die Schätze aus dem Hause Friedrich geben? Tatsächlich wird man hier nicht nur die feinen Stücke bewundern, sondern auch das einfach wundervoll komponierte Ladengeschäft, ein wahres Schmuckkästchen mit Louis XVI-Möbeln, Murano-Lüstern und Rokoko-Vertäfelung. „Das Schöne bleibt", so der Wahlspruch von Juwelier Friedrich – genauso ist es.

Neue Rothofstraße 19, 60313 Frankfurt am Main und Markt 14a, 60311 Frankfurt am Main, www.friedrich.eu

96 Female Empowerment
Quartier Frau

Ein Ort für Frauen mit Haltung, so versteht sich der Zusammenschluss der neun Designerinnen und ihrer Labels Coco Lores, Capitana, He:idi, Angela Miklas, Maison Baum, Playay Chalet, Petit Calin Hamburg, Stitch by Stich und Lilith Berlin selbst. Einerseits geht es in dem Showroom und Atelier um Fair Fashion in höchster Qualität aus Deutschland, nachhaltige Trends und Schönheit, denn hier werden selbstverständlich die eigenen Kollektionen präsentiert. Andererseits wird der Austausch großgeschrieben. Gemeint ist damit Female Empowerment und gegenseitige Unterstützung. Das bedeutet zum einen, dass die einzelnen Teile der Brands hier selbstverständlich und nach Herzenslust miteinander kombiniert und ausprobiert werden können, schließlich ist das erklärte Ziel ja, dass im „Quartier Frau" buchstäblich jede ihr(e) Lieblingsteil(e) findet. Wer Wert auf individuelle (Mode-)Beratung legt, dem seien hierfür die Termine on Demand ans Herz gelegt, bei denen sich die jeweilige Designerin dann exklusiv um die Kundin kümmert.

Zum anderen finden außerdem in schöner Regelmäßigkeit Vorträge und Events von Experten zu den unterschiedlichsten Themen statt – etwa zu Styling und Mode, Geldanlagestrategien oder Beautyfragen. Die Idee zum Quartier Frau hatten übrigens Olivia Dahlem, Inhaberin und Designerin von Coco Lores, die mit ihrem Label seit über einem Jahrzehnt für feminine Businessmode steht, und der Kreativ-Ökonom Hartmut H. Hölter. Damit haben sie einen wirklich einmaligen Ort für und in Frankfurt geschaffen. Genial.

Bornheimer Landstraße 54, 60316 Frankfurt am Main,
www.quartier-frau.com

97 Form follows Function
Tsatsas

Das Taschen-Label wurde 2012 von Esther Schulze-Tsatsas und Dimitrios Tsatsas gegründet. Alle Modelle ihrer Kollektion sind elegant, puristisch und von unaufdringlicher Eleganz, purer Luxus, den man sieht und spürt. Der Fokus des Designs liegt stets darauf, ein perfektes Gleichgewicht zwischen Funktion, Ästhetik und Ausführung zu schaffen, was einen nicht verwundert, wenn man weiß, dass Esther Schulze-Tsatsas ursprünglich Architektin war und Dimitrios Tsatsas Industriedesigner, bevor das Ehepaar 2012 den jeweiligen Job kündigte, um sich infolge zu 100 Prozent auf den Aufbau des eigenen Taschenlabels zu kümmern. Jeder der Tsatsas-Entwürfe, egal ob Handtasche, Rucksack, Etui oder Clutch, ist bis ins kleinste Detail durchdacht und entsteht im Büro-Atelier-Laden im Gallusviertel. Produziert wird in Offenbach, denn, schöner Zufall, Dimitrios Vater ist dort Feintäschner.

Gemeinsam mit dem Braun-Designer Dieter Rams brachten sie einen unveröffentlichten Taschenentwurf von ihm auf den Markt. Genauso wie sie mit der Witwe des Designers und Architekten Ferdinand Kramer eine überarbeitete Version der Tasche produzierten, die dieser in den 1960ern für seine Frau Lore entworfen hatte. Jüngst haben sie gemeinsam mit Sir David Chipperfield, einem der einflussreichsten Architekten der Gegenwart, einen gerade einmal 2,7 Kilogramm schweren Lederkoffer entwickelt, der sich ideal für Geschäftsreisen und/oder Wochenendausflüge eignet.

Zwar gibt es nicht jede Saison eine neue Kollektion, aber es kommen jedes Jahr neue Stücke hinzu. Allen Tsatsas-Entwürfen gemein ist, dass sie im besten Sinne Klassiker sind – und bleiben. Modern, progressiv und zeitlos, also nicht modisch, wenn man darunter einen vorübergehenden Trend versteht.

Frankenallee 104, 60326 Frankfurt am Main, www.tsatsas.com

98 Play often but play safe!
Grande Opera - Home of Fetisch People

Die Welt ist bunt! Jeder Mensch ist anders und auf seine Art und Weise einzigartig! Genau das macht das Leben ja auch so spannend. Große Oper in Offenbach – an der Christian-Pleß-Straße 11 stehen besondere Körperkontakte im Mittelpunkt. Der deutschlandweit bekannte Fetisch-Club „Grande Opera" von Macher und Besitzer Jean Christophe Uhl zieht jedes Wochenende, aber auch unter der Woche, zahlreiche Fetisch-Fans von nah und fern an. In stilvollem Ambiente geht es hier auf dem Gelände der ehemaligen Hassia-Fabrik neben kulinarischen Genüssen in Form von Trinken und Essen hauptsächlich um den Fetisch, besondere Menschen jeglichen Geschlechts, außergewöhnliche Begegnungen und das Spiel mit der knisternden Erotik.

BDSM, Lack & Leder, Latex, Fetisch, Burlesque etc. – Besucher können auf etwa 700 Quadratmetern in angenehm offener Stimmung ihren unterschiedlichen Leidenschaften und Neigungen frönen. Hierfür bieten die Räumlichkeiten des Grand Opera zahlreiche, teils abgetrennte, Spielbereiche mit ausgesuchten Vergnügungen und Möbeln wie Andreaskreuz, Nassbereich, Käfig, Darkroom und vielem mehr. Wer nur etwas trinken und People Watching betreiben möchte, findet an der Bar bestimmt den perfekten Platz.

Sodom und Gomorrha? Fehlanzeige. Grenzen werden respektiert und nicht überschritten. Sorge braucht man nicht zu haben. Frei nach dem Motto: Play hard, play often but please play safe!

Christian-Pleß-Straße 11-13, 63069 Offenbach, www.grande-opera.de

INSIDEHER YES, WE CUM

99 Für sinnliche Momente
Inside Her

Lassen Sie uns über Sex reden. Unangenehm, schambehaftet? Ja, vielleicht fällt es etwas schwer, darüber zu sprechen, aber die Verbindung von körperlicher Leidenschaft und Genuss ist doch mehr als offensichtlich und sollte unbedingt etwas Normales sein. Wie schafft man es, ein intimes Thema weder schlüpfrig noch plump anzugehen? Indem man die Dinge einfach beim Namen nennt. Aber so charmant und selbstverständlich wie Sandra Maravolo. Mit „Inside Her" hat die gebürtige Frankfurterin 1995 den ersten Erotikladen für Frauen eröffnet. Ihre Idee: „Ich will das lockerer machen, den Frauen einen Raum geben, wo sie sich sicher fühlen - sie sollen sich auch trauen, mich etwas zu fragen. Ich unterstütze gerne."

Wer in den 1990er Jahren an Sexshops dachte, hatte nur schummrige und schmuddelige Assoziationen. Das hat sich heute gewandelt. Sandra Maravolo ging vorweg. Der Laden in unmittelbarer Nähe der Konstablerwache, Vilbeler Straße 34, verströmt mit seiner Einrichtung - Perserteppiche und Samtsessel erinnern fast an Privaträume - und seiner selbstverständlichen Präsentation des Sortiments einladende Gemütlichkeit und eine ungezwungene Atmosphäre. Auf rund 60 Quadratmetern finden Gäste eine große Auswahl an sexy und hochwertigen Dessous sowie Lingerie die es in Frankfurt nicht in jedem Wäsche- oder Erotikladen gibt. Aber auch Ausgefallenes, erotische Clubware, kinky Accessoires und niveauvolle Sextoys - der Frankfurter Erotikshop „Yes, we cum!" ist auch in den Räumlichkeiten von Inside Her vertreten - haben ihren festen Platz im bewusst ausgewählten Sortiment. Alles inklusive diskreter und guter Beratung.

Vilbeler Straße 34, 60313 Frankfurt am Main, www.insideher.de

sundige mode

mode

sinnliche Macht

100 Lust am Verschnüren
Sündige Mode

Kann denn Mode Sünde sein? Korsetts gelten als Inbegriff der Erotik. Bei „Sündige Mode" in der Frankfurter Töngesgasse wird diese inzwischen weit verbreitete Lust am Verschnüren seit 2004 gestillt. Vor siebzehn Jahren eröffnete Michael Lamann mit seiner Frau Heike das Fachgeschäft, 2005 gab es für die Neugründung sogar den Gründerpreis der Stadt Frankfurt. Schnürkorsett in Latex, im Burlesque-Stil, als ausgefallenes Outfit – Sie haben die Qual der Wahl. Und da ist noch gar nicht die Materialienfrage erörtert: Seide, Brokat, Satin, Lack oder Leder? Wunschmodelle werden auch individuell angefertigt. Schnitt, Hersteller und Farbe wollen auch gewählt werden. Die detaillierte und typgerechte Beratung durch die Inhaber ist da ein willkommenes Angebot. Bei dieser breiten Palette an Möglichkeiten findet jede Frau und jeder Mann sicher sein perfekt passendes Modell.

Vermutlich nirgendwo anders kann man sich in so viele Modelle einschnüren lassen. Spezialisiert ist der kleine Laden in zentraler Lage auf Korsetts – auch für die Braut oder die klassische Abendgarderobe, Burlesque, Gothic, Fetisch sowie Party- und Lifestyle-Bekleidung. Damit präsentiert Michael Lamann ein Spektrum von klassischer Ball- und Brautmode mit einem Korsett als Hauptblickfang bis hin zu schwarzer Mode. Darüber hinaus bietet Sündige Mode Männern und Frauen u.a. Partyoutfits, Schmuck (auch Körperschmuck!), Accessoires und eine große Auswahl an venezianischen Masken – insgesamt eine unfassbare Fülle, wenn man bedenkt, dass das Geschäft gerade einmal überschaubare 35 Quadratmeter groß ist.

Töngesgasse 7, 60311 Frankfurt am Main, www.suendige-mode.de

101 Damenboutique für den Herrn

Transnormal

Am Rande des Bahnhofsviertels befindet sich ein Ort, an dem Männer ihre weibliche Seite ausleben können, ohne Angst davor haben zu müssen, dass man sie auslacht – oder Schlimmeres. Die „Boutique Transnormal". Mit den Räumlichkeiten am Baseler Platz hat Inhaberin Manuela Mock eine feste Anlaufstelle für Transvestiten oder Crossdresser geschaffen. Seit über zehn Jahren teilt sie all ihr Wissen und Können im Transnormal mit Männern, die sich als Frauen fühlen wollen: „Wenn du zu mir kommst, kannst du von mir angeleitet werden, du darfst dich aber auch einfach ausprobieren, das entscheidest ganz allein du. In der Zeit, in der du hier bist, kannst du dich frei fühlen." Ihre Kunden finden im Laden nicht nur Kleidung und Schuhe, Brustprothesen, Schminktipps und Perücken, sondern in Manuela Mock vor allem eine Komplizin auf dem Weg zur Frau – mit selbstsicherem Auftreten und einem goldenen Herzen am rechten Fleck: „In dem, was ich mache, bin ich perfekt. Für alles andere habe ich Spezialisten, an die ich verweise, wenn ich es nicht kann." Manuela Mock ist Komplizin, begleitet wie ein Kavalier, berät in Outfitfragen, schminkt, gibt Nachhilfeunterricht in weiblicher Gestik und Mimik und gutem Benehmen. Auf Letzteres legt sie großen Wert, das gehöre zwingend zum Damensein. Doch ihre wichtigste Aufgabe sieht sie darin, die Menschen, die zu ihr kommen, glücklich zu machen. Frei nach ihrem Motto: „Du hast den Traum, ich habe den Raum."

Baseler Platz 8, 60329 Frankfurt am Main, www.transnormal.de

Die Autoren

Julia Söhngen ist gebürtige Frankfurterin und fühlt sich in der Stadt am Main rundum zu Hause. Für die Journalistin gibt es keinen besseren Ort zum Leben, schließlich kann man die Mainmetropole immer wieder neu entdecken. Sie mag den vermeintlichen Gegensatz zwischen weltoffen und patriotisch und schätzt das herrlich Unaufgeregte „echter" Frankfurter – gebürtiger wie eigeplackter.

   Bunt, lebendig, kontrastreich – seit jeher in der kleinsten Metropole der Welt beheimatet, zählt Frankfurt für den Journalisten Bernd Buchterkirch ganz objektiv zu den liebens- und lebenswertesten Städten Deutschlands.

Foto: © Jonas Ratermann

Bildnachweis

Sebastian Denecke: Seite 12, 14, 16, 20, 22, 26, 30, 32, 34, 36, 38, 46, 48, 52, 54, 56, 64, 66, 68, 70, 72, 74, 76, 82, 84, 98, 106, 116, 120, 124, 130, 132, 136, 148, 150, 152, 154, 160, 164, 166, 168, 170, 172, 174, 176, 178, 182, 188, 192, 196, 198, 200, 202, 204, 208, 210, 212

Julia Söhngen: Seite 110, 128, 184

Bernd Buchterkirch: Seite 28, 146

Jonas Ratermann: Seite 126, 180

jkö: Seite 24

Fattoria La Vialla: Seite 58

Marmion Bar: Seite 81

Simon Brown: Seite 93

Kloster Eberbach: Seite 102

Kur- und Kongreß GmbH Bad Homburg: Seite 112, 158

Fraport AG: Seite 118

Taunus Touristik Service e.V: Seite 122

Silke Kahrmann: Seite 134

Stefan Krieglsteiner: Seite 140

Steigenberger Hotels AG: Seite 156

Tiger Palast/Nina Gerlach: Seite 186

Ulrich Dietzel/idüll: Seite 194

Unsplash: Seite 40, 42, 50, 60, 90, 144

Pixabay: 18, 42, 44, 62, 70, 86, 88, 92, 96, 100, 104, 108, 114, 138, 142, 162, 190, 206

**Außergewöhnlich persönlich:
Sabine & Gerhard Grohs**

ATELIER GROHS
KÜCHEN
üchen zum verlieben

Katharina-Paulus-Straße 2
65760 Eschborn · 06196 / 77940-0
info@kuechenatelier-grohs.de
www.kuechenatelier-grohs.de

IMMER WIEDER
LOKAL
LECKER

#Genuss Vor Freude

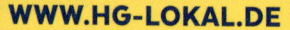

WWW.HG-LOKAL.DE

FÜR DiCH
FÜR UNS.
FÜR ALLE

Bad Homburg